How to Think Like a
Roman Emperor

像罗马皇帝一样思考

〔加〕
唐纳德·J. 罗伯逊
Donald J. Robertson

著

向朝明

译

如何用斯多葛哲学应对
困顿、危难、不确定的人生

献给机灵鬼波比

目 录

序　言　让哲学成为一种生活方式 … 1

　　在古代西方哲学学派中，斯多葛主义是具有最明确治疗取向，且心理治疗功效最好的思维医疗工具箱。

第一章　逝去的皇帝　斯多葛学派哲学家的故事 … 17

　　对斯多葛学派来说，死亡就是一种自然的转变，让我们的身体回归本源。因此，在马可的葬礼上，人们不说他已经逝去，而是说他已经回归了神明和自然。

第二章　罗马最诚实的孩子　如何坦率说话，明智表达 … 47

　　马可告诉自己，真正的哲学既简单又谦逊。从这一点来说，永远不应掺杂虚荣或炫耀。他说，永远要走最短的路。自然的路便是捷径，它通向最明智的言语和行为。

第三章　行成于思　　如何追寻你的美德 ··· 85

　　斯多葛学派的人生根本目标，是始终如一地遵循理性和美德行事。明确我们的价值观，并努力与其保持一致，可以帮助我们在生活中找到方向感和意义，从而获得更大的满足感和成就感。

第四章　赫拉克勒斯的选择　　如何战胜欲望 ··· 115

　　内心的平静，是遵循真正智慧和节制生活的自然结果。马可没有体会过卢基乌斯那狂野派对的快感，也没有经历过度放纵后痛苦的低谷。相反，他所得到的是更深刻、更持久的幸福。

第五章　迎难而上　　如何忍受痛苦 ··· 157

　　如果你牢记痛苦的界限，不通过想象添加任何东西，痛苦既不是无法忍受的，也不是永恒的。如果我们把过去和未来搁置一边，而只孤立地关注当下，那么痛苦就会大大减少。

第六章　内在城堡　　如何战胜恐惧 ··· 191

　　从本质上说，保留条款是在采取行动的同时，冷静地接受结果并不完全在你的掌控之下，即"做你必须做的，让可能发生的发生"。马可说，如果你不谨记保留条款，那么任何失败都会立即化为邪恶或痛苦的潜在来源。

第七章　短暂的疯狂　如何战胜愤怒 … 219

　　最初的愤怒情绪是我们无法控制的,斯多葛学派称之为原始冲动。马可说,是否坚持愤怒取决于你。我们不能控制最初的反应,但可以控制对它的回应:重要的不是发生了什么,而是接下来你要做什么。

第八章　死亡和俯瞰的观点 … 255

　　从我来到这个世界之日起,就一直在沿着死亡之路旅行。从一颗绿葡萄籽到一簇成熟的葡萄,再到一颗干瘪的葡萄干,自然界的一切都有开始、过程和结束。

致　谢 … 273

注　释 … 274

参考书目 … 282

扫码获取 本书配套阅读服务（完整版）
享受阅读好时光，就在青豆读享

序言

让哲学成为一种生活方式

父亲去世时,我还是一个十三岁的孩子。他五十岁得了肺癌,卧病在床一年后离世。他是一个谦虚和善的人,他的离世让我开始深深地思考生命的意义。

事实上,他的突然逝去,让我毫无心理准备,对此我应对得非常糟糕。我的内心中充满愤怒和沮丧,整夜游荡在外胡作非为,甚至和警察玩"猫捉老鼠"游戏。我闯入他人的房屋,等警察到达后立刻跑进花园,穿越树丛和篱笆甩掉他们。我的生活开始变得一团糟,不是逃课、和老师争吵,就是与同学打架。这种情形一直持续到我十六岁生日那天,我被校长单独叫到他的办公室,他给了我两个选择:自愿离开学校或者被开除。我选择了自愿离开学校,随后被列入问题少年特殊教育计划项目中。我觉得我的人生已经走上了急速失控的下坡路。无论是学校,还是社会都给我贴上了"无可救药"的标签，但是，我的确也找不到任何他们做错了的证据。

父亲曾是挖掘机驾驶员，每天晚上从工地回到家里，总是精疲力尽地一个人瘫坐在扶手椅上，双手沾满了油渍和灰尘。这份工作的收入很低，他穷得常常身上连个小钱都没有，但是他从不抱怨。他曾有过致富的机会。那是他年轻时，一个最好的朋友去世了，留下遗嘱赠给他一个农场。但是，令所有人惊讶的是，他拒绝了这份遗产，并将其归还逝者的家庭。他常说："钱不能带给你欢乐。"对此，他坚信不疑，并通过言传身教告诉我：我们生命中有更重要的事情，真正的富有是对当下拥有的感到满足，而不是贪得无厌。

葬礼之后，母亲将父亲用过的旧皮夹放在餐厅桌子上，让我拿走。我慢慢将它打开，说不清楚为什么双手一直在颤抖。皮夹子里面除了一张陈旧的纸片外，没有任何东西。纸片上的文字内容是从《出埃及记》中抄写的一段话："神对摩西说，我是自有永有的。你要对以色列人这样说，那自有的打发我到你们这里来。"我手里拿着那张纸，迷茫地站在那里，想弄明白这些话对他究竟意味着什么。从那一刻，我的哲学之旅开启了。

当我研习多年之后，我得知马可——这位罗马皇帝，也是幼年丧父。我想他一定和我一样，在那个时候试图去寻找人生的方向。父亲去世后，留下的宗教和哲学问题深深地困扰着我。我记得那时候害怕死亡，晚上躺在床上始终睡不着，试图了解生命存在之谜,并找到一些慰藉。这种感觉好像后背有点发痒,得用手去挠,但我却根本够不到。我当时并不知道,普遍存在的焦虑是人之常态,它促使人们去思考和研究哲学。如哲学家斯宾诺莎这样写道:

> 我觉得自己的处境非常危险,应该竭尽全力寻求解决的办法,尽管不确定它是什么;作为一个与致命疾病斗争的病人,除非他找到治疗方法,否则死亡肯定会降临,我不得不全力寻求治疗,因为全部希望就在其中! [1]

"我是自有永有的"描述的是纯粹的存在意识,这对我来说非常神秘、抽象且深奥。"意识到自我存在",让我想起了德尔菲神庙那句著名的、已经成为我座右铭之一的石刻铭文:认识你自己。通过冥想以及各种各样的练习,我越来越痴迷于追求自我认知。

后来我发现,父亲一直携带的这段文字,在共济会分会"皇家拱门"的仪式中也被用到,有着重要的意义。候选人入会阶段,他们会被问道:"你是皇家拱门的石匠吗?"他会回答说:"我是自有永有的。"共济会在苏格兰有悠久的历史,至少可以追溯到四个世纪前,它在我的家乡艾尔有着深厚的根基。父亲和我许多朋友的父亲,都是当地分会的成员。根据他们的某些教义记载,所罗门国王的精神教导,被哲学家毕达哥拉斯带到西方,并由柏拉图和欧几里得发展并进一步传播。在随后的漫长年代中,这种古老的智慧由中世纪共济会传承下来。他们使用深奥的仪式、几何符号,如用方形符号和罗盘来传达精神信条。共济会也认同希腊哲学的四个基本美德,用分会图标的四个角象征:谨慎、正义、坚韧和节制(如果你喜欢现代的表述:也可称为智慧、正义、勇气和节制)。我的父亲认真对待这些道德教导,这塑造了他的性格,也给我留下了持久的印象。共济会的哲学,至少对像我父亲这样真诚的实践者来说,不是大学象牙塔里教授的书呆子式哲学,而是源自一种更古老的西方哲学,他们将这种哲学作为一种生活方式。

那时,我还没到加入共济会的年龄,由于我声名狼藉,他们无论如何也不会允许我加入。后来,凭着我所受过的那点少得可怜的教育,开始尽我所能阅读哲学和宗教书籍。我当时甚至不确定自己在寻找什么,除了它可以满足我对哲学、冥想和心理疗法的兴趣,我需要一个更理性、更哲学的生活指南,但似乎没有什么适合我。幸运的是,后来我遇到了苏格拉底。

我一直在研究埃及纳格哈马迪发现的古诺斯替福音书,这些文本受到希腊哲学的广泛影响。我开始阅读《柏拉图对话录》,书中主要描述了希腊哲学家的代表苏格拉底,向他的朋友及其他讨论者询问他们的价值观。他关注希腊哲学的重要美德，这些美德后来被共济会成员所采纳。苏格拉底事实上没有写过任何哲学书籍——我们只有通过阅读别人的作品来了解他，其中主要是他的两个最伟大的学生，柏拉图和色诺芬所写的对话。据说苏格拉底是第一个将哲学方法应用于伦理问题的人。他特别想帮助别人明智地生活，让人的生活更加符合理性。对苏格拉底来说，哲学不仅是一种道德指南，也是一种心理疗法。他说，哲学可以帮助我们克服对死亡的恐惧，规范德行，甚至能够帮助我们在现实生活中找到真正的成就感。

苏格拉底的对话是典型的不确定论代表。他坚持认为，自己对某些事情一无所知，这被称为"苏格拉底式反语"，希腊怀疑主义的传统后来受其启发。不过，据说他会教导学生什么是最好的生活方式。这些观点体现在柏拉图的《申辩篇》中。为此，苏格拉底面临对神不敬，以及腐蚀年轻人的指控，这导致他最后被审判和处决。不过，他没有像其他人那样为其行为举止表示道歉，或者在陪审团面前为哭泣的妻子和孩子谋求同情，他只是继续质问原告，并向陪审团解释说明他的哲学思想。有一次，他用通俗易懂的语言，解释了做一个哲学家对他意味着什么：

> 因为我到处这样参与讨论，这些讨论只是说服

你们,不是关心你的身体或你的财富,而是关心你的灵魂状态,正如我曾说:"财富不会带来美德,而是美德让财富和其他一切都对人有利,无论是个人利益,还是集体利益。"[2]

他就是这样生活的,他的学生也以此为榜样,他们提醒自己,智慧和美德应该高于一切。因此,就苏格拉底而言,"哲学家"是一个按照这样的价值观生活的人:其真正意义在于他是一个有智慧的人。

回首过去,我意识到自己转向苏格拉底以及其他古代哲学家,试图去寻找一种生活哲学,就像父亲在共济会中发现的生活哲学一样。然而,正如前文所述,那些幸存下来的对话,通常只是描述了苏格拉底的质疑方法,并没有提供一个关于苏格拉底明智生活艺术的详细实践方法。

虽然古代哲学家并没有提供现实有用的答案,但是他们确实激励了我进一步阅读。新增加的使命感也帮助我的生活回到正轨:我不再陷入困境,并报名进入阿伯丁郡大学学习哲学。不过,在学习的过程中,我逐渐注意到,仿佛事情有些不对——我们研究这个学科的方式太学术化和理论化了。我在图书馆的地下室埋头读书的时间越多,似乎就越偏离苏格拉底最初提出的观点,哲学本身作为一种生活方式,它可以改善人的性格,帮助我们健康成长。但是,如果古代哲学家是真正的心智战士,那么现代人则更像思想书籍的管理员,他们更感兴趣是分类整理不同的思想,而不是把哲学作为心智实践落实到日常之中。

毕业后,我开始学习和练习心理疗法,因为帮助他人为我提供了一条自我完善的途径,并将其与我的哲学研究联系起来。心理疗法是心理治疗领域方法过渡的时期,即弗洛伊德和荣格精神分析方法正慢慢让位于认知行为疗法(cognitive behavior therapy,简称 CBT),该疗法已经成为心理治疗中的重要形式。认知行为疗法更接近我想要的哲学实践,它鼓励我们将理性运用到情感上。然而,认知疗法通常是在治疗中采用几个月,然后就被搁置了,它当然不能始终为我们提供系统的生活方式指导。

现代心理疗法的范围,必然比古代苏格拉底式的生活艺术更有限——如今我们大多数人都在寻找一个快速解决心理健康问题的方法。然而,当我成为一名心理治疗师时,我发现大多数遭受焦虑或抑郁的患者都意识到,痛苦来自潜在认知。当我们强烈地相信发生了非常糟糕的事情时,通常会因此感到沮丧。同样地,如果我们认为某件事非常好并感到满意,当它受到威胁时,我们就会焦虑,或者当我们失去了它,就会悲伤。例如,社交恐惧症患者的情绪会被他人的负面看法左右,认为赢得他人的认可极其重要,如果不被喜欢,情况就会很糟糕。患有严重社交焦虑障碍(社交恐惧症)的人,在与孩子或他们亲密的朋友谈论琐事时往往会感到很平常,只有少数例外会感到焦虑、恐惧。然而,当与他们认为非常重要的人,谈论他们认为非常重要的话题时,总会感到极度焦虑。相反,如果你的基本价值观认为别人眼中的自己微不足道,这就已经超出了社交焦虑的范围。

我认为,如果能够采用一套更健康、更理性的价值观,对任何人来说,忽视生活中大多数人所担忧的琐事,都应该能够让我们在情感上更有弹性。我不知道如何将苏格拉底的哲学和价值观与认知行为疗法结合起来。然而,当我开始接受咨询和心理治疗的培训工作时,这一切都改变了,因为我发现了斯多葛主义。

当我看到法国学者皮埃尔·阿多的《古代哲学的智慧》(1998)和《作为生活方式的哲学》(2004)这两本书的时候,受到了很大启发。正如后一个标题所阐述的,阿多深入探讨了古代西方哲学家是如何将哲学作为一种生活方式的。我看到了希腊和罗马哲学中隐藏的精神实践的宝库,它们显然对帮助人们克服情感痛苦,以及挖掘发展自我性格的力量发挥了重要作用。阿多发现,在苏格拉底死后的几代人里,冥想实践在希腊化时期的哲学学派中变得非常普遍。斯多葛学派特别关注苏格拉底哲学的实践,不仅通过培养美德,比如自律和勇气(我们可以称之为情绪弹性),而且还广泛运用心理练习。

不过，让我很困惑的是，阿多将这些哲学练习与早期基督教的精神练习进行了比较。作为一名心理治疗师，我立刻注意到，他提出的大多数哲学或精神练习，都可以与现代心理疗法中心理练习相提并论。我很快就明白了，斯多葛主义实际上是古代西方哲学学派中具有最明确治疗取向且心理治疗功效最好的思维医疗设备或工具箱。在阅读了十多年的哲学书籍后，我意识到，我一直在四处寻找答案，却没有找对地方，正如《圣咏集》第118篇所言："匠人弃而不用的石头，反而成了屋角的基石。"

当我开始阅读关于斯多葛主义的文献时，注意到最相似的现代心理治疗的形式是理性情绪行为疗法（REBT），该疗法是由认知行为疗法的主要先驱阿尔伯特·埃利斯，在二十世纪五十年代首次发展起来的。埃利斯和认知行为疗法的另一位主要先驱亚伦·T.贝克，都引用了斯多葛派哲学作为他们各自方法的灵感来源。例如，贝克和他的同事们在《抑郁症的认知疗法》中写道："认知疗法的哲学起源，可以追溯到斯多葛学派的哲学家。"[3]事实上，认知行为疗法和斯多葛主义有一些共同的基本心理假设，特别是"情绪的认知理论"，该理论认为情绪主要是由我们信念决定的。贝克说，焦虑包括这样一种信念，比如"不好的事情将会发生"。此外，从共同研究工作中，斯多葛主义和认知行为疗法会得出类似的结论，即应用什么样的心理方法，可能对遭受焦虑、愤怒、抑郁和其他问题的人有所帮助。

有一种斯多葛学派的方法尤其引起了我的注意。它在古代文献有佐证，但现代心理疗法中却很少提到，这就是"俯瞰视角"——阿多这么称呼它。俯瞰就像从事物的最高处向下看，就好像奥林匹斯山上众神的视角一样。拓宽视角会给人带来情感上的平静。当练习的时候，我注意到自己和阿多想法一样，我们在不同视觉感受中得到的认知，实现了与古代哲学中核心观点的深度契合。我还发现，如果把它转换成冥想的思考也很容易。我现在从事心理治疗师的培训，经常在专题讨论会发言。我能通过自己的训练方法指导许多经验丰富的治疗师和学员，每次多达一百人。我惊喜地发现，他们很快就学会了这个方法，这也逐渐成为他们最喜欢的练习之一。他们会描述自己如何能够从超然的角度思考当下的生活状况。我开始通过博客分享这个方法。

美国市场营销人员、企业家莱恩·霍利得在《障碍就是路》（2014年）和《每日斯多葛》（2016年，与史提芬·汉赛蒙合著）中接受了斯多葛主义。英国魔术师、电视名人德伦·布朗后来出版了一本名为《幸福》（2017年）的书，该书的灵感来自斯多葛学派。作者将斯多葛主义作为一种自助的生活哲学。科学怀疑论者、哲学教授马西莫·匹格里奇于2017年发表了《哲学的指引》。同年，共和党政治家帕特·麦吉汉在州议会宣传斯多葛主义。斯多葛主义也被托马斯·贾勒特上校用于军队中,作为战士耐力训练的一部分。美国国家橄榄球联盟高管、前新英格兰爱国者队教练迈克尔·隆巴迪接受了它,这种哲学在体育界开始拥有越来越多的追随者。显然,现代斯多葛主义正在经历复兴,然而,这只是冰山一角。斯多葛主义社群在网络上正在逐渐壮大,已经吸引了数十万名成员。

讲述斯多葛哲学家的故事

几年前,我四岁的女儿波比开始让我给她讲故事。我对童话几乎一无所知,所以就给她讲了自己能够想到的希腊神话、希腊英雄和哲学家的故事。其中,她的最爱之一是关于希腊将军色诺芬的一个故事。一天深夜,年轻的色诺芬正穿过雅典市场,在附近两座建筑之间的一条小巷之中行走。突然,一个藏在巷子中的神秘陌生人用一根木杖挡住了他的去路。黑暗中,神秘人开口问道:"如果有人想买东西,他应该去哪里?"色诺芬回答说,他们应该去另外一侧街道,那里有世界上最好的集市,可以买到任何你想要的东西,如珠宝、食物、衣服等。陌生人停顿了一会儿,问了另一个问题:"那么,如果想成为一个好人,应该去哪里呢?"色诺芬被惊呆了,不知道该怎么回答。然后,这个神秘的人放下他的手杖,走上前来，介绍自己是苏格拉底。苏格拉底说，他们都应该努力探索如何成为一个好人，这肯定比知道在哪里买各种商品更重要。于是，色诺芬就开始追随苏格拉底，后来成为了他最亲密的朋友和最重要的拥护者。

我告诉波比，大多数人都相信生活中有很多好东西——美食、华服、豪宅、金钱等等，以及很多不好的东西，但苏格拉底说，也许他们都错了。他想知道是否有独一无二的好东西，它存在于内心，不依赖外物而存在。这种美好的东西，也许是智慧或勇敢。波比想了一会儿，令我吃惊的是，她摇了摇头，说："那不是真的，爸爸！"这让我笑了。然后，她又说："再给我讲一遍那个故事。"因为她想再想想。她问我苏格拉底是怎么变得如此聪明的。我告诉她，他之所以具有超常的智慧，是因为他问了很多关于生活中最重要的事情的问题，同时他也会认真倾听答案。此后，我不断给她讲故事，她也经常问相应的许多问题。我渐渐意识到，这些关于苏格拉底的故事要比单纯说教管用，思考这些故事，也是在鼓励她思考智慧生活的意义。

有一天，波比让我写下我给她讲的故事，我照做了。我把它们写得更长更详细，再读给她听，并且通过博客在网上分享了其中的一些内容。我坚持给她讲这些故事，并和她进行讨论。这让我意识到，这是教授作为一种生活方式的哲学的好方法，它让我们能够思考哲学家所树立的榜样，以及他们是否给我们提供了良好的典范。我开始认为，写一本关于古代哲学实践者的真实故事来教授斯多葛学派原则，不仅对我的小女儿有用，对其他人也有帮助。

接下来，我问自己，谁是斯多葛学派榜样的最佳人选，可以讲一些什么样的斯多葛哲学家故事，来对人们的现实生活有所启发？最后我的答案是马可。我们对大多数古代哲学家的生平知之甚少，但马可是罗马皇帝，他的生平记载资料有很多。他的个人笔记——也就是今天的《沉思录》，是为数不多的斯多葛学派经典之一。《沉思录》第一章的风格与书的其他部分完全不同：主要对他的家庭和最钦佩的老师的人格进行了详细叙述，共列出了大约十六个人。他似乎也认为，研究斯多葛学派哲学的最好方法是通过观察现实生活中的美德榜样。我认为，把马可看成斯多葛主义的榜样是非常有意义的，就如同他学习斯多葛主义老师的生活方式一样。

本书的内容基于对历史书籍的细致阅读。我借鉴了广泛的资料，但对马可生活和性格的了解主要来自卡修斯迪奥、赫罗甸和奥古斯塔的罗马历史记载，以及马可自己在《沉思录》里的文字。有时我会添加一些细节，如用对话来充实故事。但除了基于现有的材料，主要还是依靠想象来进一步展开马可的生平事件。

本书的最后一章以一种不同的风格书写，类似于一种引导冥想，将《沉思录》中提出的各种斯多葛哲学观点作为基础。我改写了他的话，把它们变成更翔实的思考叙述，目的是有意识地唤起精神意象和沉思体验，其中包括来自其他斯多葛学派作家的一些语录和想法。我采用了内心独白或幻想的形式，因为我觉得这样可以更好地展现斯多葛学派对死亡的沉思，以及"俯瞰视角"的思考方法，即从上往下的观察方式。

这本书旨在帮助你跟随马可思考，理解斯多葛主义的思想，并最终受益。你会发现我在很多地方都把斯多葛主义和认知行为疗法的元素结合在一起。正如我们所看到的，这是很自然的。因为认知行为疗法受到斯多葛主义的启发，二者有一些基本的共同点。我指的是现代治疗思想，如"认知距离"，它是区分我们的思想和外在现实的能力；以及"功能分析"，它评估不同行为过程的一致性。认知行为疗法是一种短期替代疗法，是对焦虑和抑郁等心理健康问题的补救方法。因为每个人都知道，预防比治愈更重要，所以来自认知行为疗法的技术和概念已经被应用于心理弹性建设，以减少在未来发展为严重情绪问题的风险。然而，我相信对许多人来说，斯多葛学派哲学和认知行为疗法的结合可能更适合作为长期的预防方法。当我们把它作为一种生活哲学，通过日常实践就有机会学习构建更强大的情绪弹性，培养道德和性格力量。这就是这本书试图表达的主要内容。

斯多葛学派可以教你如何找到生活的目的，如何面对逆境，如何克服愤怒，调节你的欲望，体验健康的快乐源泉，耐心地忍受痛苦和疾病，展示勇气面对焦虑，应对损失，甚至面对死亡，并始终保持苏格拉底式的从容。马可担任皇帝统治罗马，面临着巨大的挑战。《沉思录》提供了一扇进入他灵魂的窗户，让我们看到他如何引导自己，安然淡定地度过一生。事实上，作为一个读者，我想邀请你以一种特殊的方式阅读这本书，试着把自己放在马可的立场上，通过他的哲学眼光来看待生活。看看我们能不能陪他一起踏上征程，日复一日把自己变成一个成熟的斯多葛学派。如果足够幸运，相信会有更多的人可将斯多葛智慧应用到现代生活中的挑战，以及琐碎的日常问题的处理上。

然而，这种改变不会从书面上跳出来自动形成。只有坚定地做出决定，才能开始把这样的想法付诸实践。正如马可写给自己的话：

> 不要浪费时间争论是否应该成为好人，直接做一个好人。[4]

第一章

逝去的皇帝

斯多葛学派哲学家的故事

对斯多葛学派来说,死亡就是一种自然的转变,让我们的身体回归本源。因此,在马可的葬礼上,人们不说他已经逝去,而是说他已经回归了神明和自然。

公元180年，北部边境又一个漫长而艰难的冬天即将结束，罗马皇帝马可躺在文多波纳（在今维也纳）的军营里奄奄一息。六天前，他突然发烧了，各种病症出现并迅速恶化。医生们很清楚，这些症状说明这次他大概率会死于安东尼瘟疫（可能是一种天花菌株）。过去的十四年，该瘟疫一直在帝国肆虐，夺取了无数人的生命。马可已经快六十岁了，身体虚弱，所有迹象都表明他不太可能从疾病中康复。然而，在在场的医生和朝臣们看来，他的情绪异常平静，对病情可能恶化处之泰然，仿佛他一生都在为这一刻做准备。他所遵循的斯多葛学派哲学教会他冷静地思考自己的死亡。根据斯多葛学派的说法，学习如何面对死亡，实际就是学习不被命运所奴役的方法。

这种对死亡的哲学态度，应该说并非来自马可父亲的影响。他的父亲在他仅仅几岁时就去世了，留下了这个忧郁的孩子。十七岁时，作为前任皇帝哈德良设计的长期继任计划的一部分，他被皇帝安东尼收养。哈德良在马可幼年时就预见到他具有非凡的智慧和潜力,并始终如一地教育培养他。成年之后,马可按照皇帝的意见惜别了母亲,住进皇宫。安东尼召集了最优秀的修辞学和哲学老师来教育马可,为他继承王位做准备。他的导师中有教授柏拉图主义和亚里士多德主义的学者,但他接受的主要哲学教育是斯多葛主义。老师和他相处和睦,对他来说就像家人一样。据说,当他最心爱的一个导师去世时,马可号啕大哭。宫殿的仆人们担心人们发现他的哀痛行为,认为未来统治者做出这样的举止不恰当,便试图制止他。然而,安东尼告诉他们,不要去打扰马可:"这一次,让他做个人;因为哲学和帝国都不能剥夺一个人自然的感情。"多年后,在连续经历几个孩子的夭折之痛后,马可在亲自主持一场法律案件时,听到一位律师在辩论过程中说:"死于瘟疫的人有福了。"[1] 他又一次在公众场合被感动得潸然泪下。

马可是一个天生充满爱和深情的人,他一生饱受失去之痛。于是,他越来越信奉斯多葛主义的古老戒律,这也是当他的至亲被死亡带走时的应对方式。现在,在他生病垂死之际,他再次一一回想生命中那些逝去的人。几年前,与他结婚三十五年的妻子福斯蒂娜皇后去世了。他的高寿让他亲眼目睹自己的十三个孩子中有八个死去。他的八个女儿中有四个活了下来,但五个儿子中只有一个人——康茂德活了下来。死亡无处不在。在马可统治期间,帝国数百万罗马人死于持续不断的战争或疾病。而且这两者往往同时发生，因为军团营地特别容易受到鼠疫爆发的影响，特别是在漫长的冬季。他周围的空气始终弥漫着乳香的甜味，罗马人希望这种乳香能防止瘟疫的传播。十多年来，这种烟雾熏香的气味一直提醒着马可，他的生活笼罩在死亡的阴影下，这也让他从不把这日复一日的生命认为是理所当然的存在。

感染鼠疫在当时并不总是致命的。然而，马可著名的宫廷医生盖伦观察到，当受害者的粪便开始变黑，这个人通常必死无疑，因为显然这是一种肠出血的迹象。也许这就是马可的医生知道他可能逝去的主要原因。另外，医生觉得他年事已高，身体已极度虚弱。他在整个成年生活中，极易患上慢性胸痛、胃病以及各种疾病。他的胃口一直很差，现在他却自愿绝食，以加速死亡。苏格拉底曾说过，死亡就像一个戴着可怕面具的人，打扮成妖怪来吓唬小孩。然而，智者小心翼翼地摘下他的面具，往里面看去，发现没有什么值得担心的东西。现在他的死亡临近了，但由于终生的准备，马可毫无畏惧，仿佛它依然在千里之外。他要求医生耐心详细地描述他身体的状况，以便他以哲学家特有的冷静思考种种症状。他发出的声音很虚弱，嘴里和喉咙里的溃疡使他很难说话。不久他便感觉到累了，于是示意他们离开，希望自己能够继续陷入沉思之中。

他独自待在房间里，听着不均匀的喘息声，感觉不再像

第一章 逝去的皇帝

一个皇帝了——他只是一个虚弱的老人,病入膏肓并慢慢死去。他把头转到一边,瞥见了床边命运女神福尔图娜的金色小雕像,金像光滑的表面反射出衰老的面容。他的斯多葛主义导师曾建议他每次看到自己的形象时,都要实践一次精神练习。这是一种通过心理锻炼让人坦然接受死亡,增强情绪弹性的方法。他的目光微弱地聚焦在自己的影像上,努力回想那些逝去已久的罗马皇帝。首先想到的是他的养父安东尼,然后是他的养祖父——哈德良皇帝。他回忆了奥古斯都,以及两个世纪前,建立帝国的奥古斯都的绘画和雕塑。这样回忆的时候,马可也在默默地问自己:"他们现在在哪里?"然后低声回答:"无处可寻……或者至少在没人能说清楚的地方。"[2]

他继续沉思,尽管有些昏昏欲睡。现在那些帝王们——他们的身体骨骸都已经化为灰尘,没有留下任何东西。他们曾经的辉煌,对后代来说则逐渐变得微不足道。他们大半已经被世人遗忘,甚至他们的名字听起来也很古老陈旧,只能唤起人们对另一个时代的零星回忆。在马可的孩童时代,哈德良皇帝就和他成了朋友,两人常常一起去狩猎野猪。现在,对于马可手下的年轻军官来说,哈德良皇帝只是历史书中的一个名字,他真实的、活生生的身体,在很久以前就已经被那些毫无生气的肖像和雕像所取代。安东尼、哈德良、奥古斯都——都死了,彻底消失了。从亚历山大大帝到他卑微的骡夫，每个人都躺在同一块土地上。国王和乞丐，终有同样的命运在等着他们……

他的思绪被一阵剧烈的咳嗽打断了，从喉咙内溃疡处咳出的痰中带着鲜血。发烧的痛苦和不适正在分散着他的注意力，但马可把这一切变成了沉思的另一部分：告诉自己现在的他只是死者中的另一个人。很快，他就会成为历史书中的一个名字，有一天，甚至他的名字也会被遗忘。这就是他思考死亡的方式：使用他年轻时学到的、已有数百年历史的斯多葛学派思考方式。一旦我们真正接受了死亡是生命中不可避免的事实，就像曾经幻想可以拥有像钻石般坚硬的身体，或能够像鸟展翅翱翔一样，那么我们渴望永生便没有任何意义了。只要能坚信某些不幸是在所难免的事实，我们就不再担忧它们。我们也将不渴望改变那些必须接受的事情，只要能清楚地看到这样做是徒劳的。对一个有智慧的人来说，死亡是生命中最确定的事情之一，每个人都会死亡，死亡也应该是最不可怕的事情。

马可在十二岁就开始接受哲学学习，二十多岁时进一步加强了自我训练，当时他全心全意地希望成为一名斯多葛主义者。从那时起，他每天都在躬行实践他的斯多葛主义练习，让身心服从理性，既作为一个普通人，又作为一个统治者。他试图系统地发展智慧和韧性，效仿与他分享哲学教义的哲学家们，以及那些赢得他钦佩的宣扬斯多葛主义的伟人。其中，最重要的是安东尼皇帝。马可从他们的身上，学习了如何在各种逆境中保持平静的庄严状态，并仔细观察他们如何按照理性生活，同时展现出智慧、正义、坚韧和节制等美德。他们感到了生命中失去的痛苦，但是并没有屈服于它。马可已经经历很多次亲人的死亡，他也经常练习自己的反应，以至于他不再失声痛哭。他不再喊叫"为什么？"，以及"这怎么会发生呢？"，甚至都不会有这样的念头。他坚定地意识到死亡是生命中自然、不可避免的部分事实。现在死亡到来了，他应该以一种哲学的态度来迎接它。你甚至可以这样说，他已经学会了与死亡成为朋友。虽然他仍然会流泪，哀悼逝去的亲友，但已经如智者一般不再抱怨，也不再向天空挥舞拳头，因为这样的举止被证明只能徒增悲伤。

几年前，马可在完成他的哲学思考日记的过程中，已经经历了一生精神之旅的最后阶段。现在他独自躺在痛苦和不适中，在生命的尽头平和地提醒自己，他已经死过很多次了。首先，作为王位继承人，那个叫马可的孩子在进入皇宫时就已经死了，他在哈德良去世后继承了凯撒的头衔；安东尼去世后，年轻的凯撒马可不得不死去，从而继位罗马皇帝；在马科曼尼战争期间，他离开罗马去指挥北方军团，标志着另一个死亡：奔赴戎马生涯，长期驻守他乡；现在，作为一个老人，他面临的死亡不是第一次，而是最后一次。从出生的那一刻起，我们就一直在死亡，不仅是生命的每个阶段，而且是生命的每一天。正如马可所说，我们的身体已经不再是母亲生下的身体。没有人依然是昨天出生的那个孩子。意识到这一点，人们更容易放手：我们不能抓住湍急的河水，也抓不住流逝的生命。

马可感到昏昏欲睡，但他还是努力让自己清醒过来。他还有一件未完成的事情要处理。他命令士兵召见他的家人和朝臣核心人员，即"皇帝的朋友"，他们已提前被召集在营地外等候。尽管马可看起来非常虚弱，一生都在与疾病做斗争，但他的性格一向坚韧无比。他以前也濒临死亡的边缘，但这一次，医生已经向他表明，他不太可能活下来。事实上，每个人都感觉到，他已基本临近生命的尽头。他向他心爱的朋友、他剩下的四个女儿和女婿告别。他本想亲吻每一个人，但因为瘟疫，他们被迫保持一定的距离。

他的女婿庞培亚努斯——他的得力助手和马科曼尼战争期间的将军，一直站在一旁。另一位将军，他毕生的朋友奥菲迪奥斯·维克托里尼乌斯也在场，还有康茂德的岳父布鲁提乌斯·普莱森斯，和他的另一位哲学挚友兼女婿，哲学家格纳斯·克劳迪乌斯·西弗勒斯。他们都面带悲伤，围坐在他的床边。马可向他们强调，必须好好照顾康茂德，他唯一幸存的儿子。在过去的三年里，康茂德作为共治皇帝与他一起统治这个国家。马可为他找到了最好的老师，但现在他们的影响力正在减弱。康茂德年仅十六岁就成为了皇帝；马可不可能等到他四十岁成熟后再移交王位。年轻的统治者往往很容易被生活腐蚀，如尼禄皇帝。马可可以看到，他的儿子已经在和坏人交往。他请求他的朋友们，尤其是庞培亚努斯，把康茂德当作他们自己的儿子一样，确保康茂德继续接受道德教育。

马可任命康茂德为他的法定继承人，在他五岁时授予了他凯撒头衔。康茂德的弟弟安尼乌斯·维鲁斯也被称为凯撒，但是加冕之后，安尼乌斯·维鲁斯不久就去世了。马可曾希望他的两个儿子共同统治。然而，在瘟疫肆虐时期，随着第一次马克曼战争的结束，要保证罗马政局稳定必须有一个指定的继承人，以防止篡位者试图觊觎王位。五年前有谣言说马可已经去世了。东部省份最强大的将军阿维狄乌斯·卡西乌斯，被埃及军团拥立为帝国皇帝，引起了一场短暂的内战。马可派遣康茂德穿上长袍，正式担负起行政权力，从罗马到达北部边境进行镇压。叛乱被镇压后，马可进一步加快任命康茂德为皇帝的进程。因为如果马可离世前没有钦定合法的继位人，另一场内战肯定会随即爆发。

同样，在这个阶段，如果用其他统治者取代康茂德，会使整个帝国岌岌可危。北方部落也许会抓住机会再次发动进攻，而再一次入侵帝国，可能意味着罗马帝国的终结。马可现在最大的希望，是康茂德可以听从他所信任的老师和谋士的指导。然而，康茂德被形形色色的追随者所左右，他们不断地恳求他回到罗马。本来只要他继续留在军队里,在他姐夫庞培亚努斯的监督下,仍有希望学会用智慧统治帝国。不过,与他的父亲不同,他对哲学毫无兴趣。

谈话进行到一半的时候,马可突然向前倒下,不省人事。他的一些朋友以为他死了,惊慌失措,不由自主地哭了起来。可是,医生们还是设法唤醒了他。当马可苏醒过来,看到身边人悲伤的脸时,他并没有害怕自己的死亡,而是把注意力转向他们。看着他们为他哭泣,就像他多年来为他的妻子和孩子,以及许多逝去的朋友和老师哭泣一样。然而,现在他是那个垂死的人,眼泪似乎没有必要了。为不可避免的、超出任何人控制的事情悲叹,显然毫无意义。对现在的他来说,更重要的是他们要冷静而谨慎地安排康茂德继任。虽然马可现在几乎没有说话的力气,但脑中的思路却似乎前所未有的清晰。他希望那些聚集身边的人记住自己的死亡,接受它的含义,理解它的意义,进而明智地生活,所以他努力地低声说:"为什么要为我哭泣,而不去想着瘟疫……死亡是我们所有人的命运。"

当他讲出这番温和的教诲时,整个房间都静了下来。哭泣的声音浸微浸消。没人知道自己该说些什么。他的临别之言是:"如果你们现在允许我走,那么我就向你们告别,先行一步了。"[3] 马可微笑着,虚弱地抬手示意他们离开。当他病情恶化的消息传遍整个营地时,士兵们都悲痛万分——他们爱戴他,远胜过关心他的儿子康茂德。

第二天,马可早早醒来,感到极度虚弱和疲惫,发烧变得更严重了。意识到这可能是他最后的时刻,他让人召唤了康茂德。马可十多年来一直在与敌对的日耳曼和萨尔马提亚部落进行战争,目前战争已经进入最后阶段。他敦促他的儿子亲自指挥军队,追击剩余的敌方部落,直到他们投降,并监督目前进行的复杂的和平谈判,从而使这场战争圆满结束。马可警告康茂德,如果他不继续坚守前线,元老院定会认为他背叛国家。毕竟在漫长的战争中,帝国已经投入了巨大的人力物力,还有那么多人在战斗中丧生。

然而,与他父亲不同的是,康茂德惧怕死亡。他凝视着马可干枯的身体,这种场景没有激励他将父亲作为道德榜样,而是让他感到厌恶和恐惧。他抱怨留在北方军团中有可能感染瘟疫,他更渴望回到安全的罗马。马可只能向他保证,作为以后唯一的皇帝,他可以按照自己所愿去做,但他命令康茂德等几天再离开。然后,意识到他临终将至,马可命令士兵们把康茂德纳入他们的保护之下,以免有人可能会指控这个年轻人谋杀了他的父亲。马可现在只能希望他的将军们能说服康茂德,阻止他放弃逃离北部边境的鲁莽愿望。

马可写道,"很难有人会如此幸运,在他临终时刻,身边有一两个人能欣然接受他的死亡。"[4] 他说,作为皇帝,他能想到成百上千的人与他的价值观不一致,看到他离开会高兴至极。他们不像他一样，赞同他对智慧和美德的热爱，嘲笑他把实现公民自由的愿景当作最高目标。然而，哲学教会他要对生命心存感激，但又不惧怕死亡——就像一颗成熟的橄榄从树枝上掉下来，感谢这棵树给了它生命，感谢大地在它落下时接纳了它的种子。对斯多葛学派来说，死亡就是一种自然的转变，让我们的身体回归本源。因此，在马可的葬礼上，人们不说他已经逝去，而是说他已经回归了神明和自然。他的朋友们在悼词中表达了这种感受，听起来像是引用了马可所珍视的斯多葛学派教义。他们告诉我们，永远不要说已经失去了什么，因为它只是回归到自然了。

不幸的是，康茂德身边到处都是阿谀奉承的人，他们不断恳求他回家，因为在那里他们可以享受奢侈的生活。"凯撒大人，既然我们可以回到罗马，喝可冷可热的干净的水，你为什么还要继续喝这浑浊的冷水呢？"在这些谋士中，只有最年长的庞培亚努斯质问他，警告他此时战事未休，他的突然离开将是可耻又危险的。和马可一样，庞培亚努斯认为，敌人会把这视为懦弱的撤退，并增强他们未来起义的信心；同时，元老院将其视为无能的举止。康茂德也曾动摇了片刻，但最终依然坚持了自己的想法，罗马对他的诱惑力太大了。他找借口说他必须回到那里，以防在他离开时，罗马会突然出现篡位者，并策划组织起义。在马可离开后，康茂德向敌对的日耳曼和萨尔马提亚部落的首领支付巨额贿赂，草草结束了战争。但是，他匆忙逃离军营，显然会削弱曾坚定忠于他父亲的军队的信任。另一方面，他又必须向罗马民众寻求支持，诉诸昂贵的报酬，以取悦民众的姿态来赢得支持。他的行为越来越像一个沽名钓誉的人，而不是一个明智仁慈的统治者。斯多葛学派观察到，那些最渴望逃离死亡的人，却常常发现自己误撞进了死亡的怀里，康茂德似乎便是如此。马可虽然病弱，却忍受了艰苦的条件，指挥北方军团常年征战，活到了五十八岁。相比之下，康茂德在多次险些被暗杀之后，变成了暴君。最终，他还是被罗马的敌人谋杀了，殁年三十一岁。如马可所说，无论多少个卫兵，都不足以保护失去民心的统治者。

由皇帝钦定的继承人是他遗产的重要组成部分。然而，斯多葛学派教导说，我们无法控制他人的行为，即使是那些极其聪明的老师，如苏格拉底，也会有任性的孩子和学生。当斯蒂尔波——一位斯多葛学派的哲学家，因其女儿名誉不佳而受到批评时，他说，她的行为不会给他带来耻辱，就像他的行为不会给她带来荣誉一样。事实证明，马可真正的遗产不是康茂德，而是他的人格和哲学，为后来几代人提供了思想的火花。和所有斯多葛学派一样，马可坚信美德是自己的回报。他欣然接受生活中发生的任何事情，这些事不会完全随人愿，更别说他的身后事了。

斯多葛学派智者乐于写一些帮助他人的书。在他第一次参加北部边境战役的时候，马可与他在罗马的老师以及斯多葛学派的挚友分开，开始把他对哲学的个人思考写成一系列简短的笔记和格言。可能是在他的斯多葛学派主要导师朱尼厄斯·拉斯蒂克斯死后不久，他就开始写作。也许写作是为了应对这一打击，试图代替拉斯蒂克斯与自己对话。这些反思格言，今天被称为《沉思录》。这些文字最终如何幸存下来至今是一个谜：按理它应该归康茂德管理，除非马可把它遗赠给了别人。但是，也许是在与他的朝臣们的最后一次会面中，文稿一度易手；也许由于他对自己儿子的软弱无能而感到失望，这位垂死的皇帝可能将其交给一个他信任的朋友，以保护《沉思录》——这是他留给后代的真正礼物。

等到康茂德一走，马可就示意年轻的守夜队军官靠近，对着他嘶哑低语。然后，他疲倦地用床单盖住头，沉沉地睡着了。在他生病的第七个晚上，他安静地去世了。早上，医生向众人宣布了皇帝的逝世，整个营地陷入了悲痛，一片混乱。消息传来时，士兵和民众都走上街头痛哭流涕。据见证了康茂德统治的罗马历史学家希罗德安的说法，当马可死讯传开时，整个帝国仿佛在齐声呼喊，他们为失去他这位"善良的父亲""高贵的皇帝""勇敢的将军"和"明智、温和的统治者"而感到悲痛，在希罗德看来，"每个人都发自肺腑"。

外面的嘈杂声越来越大，紧张的警卫问内部侍卫："他最后说了什么？"侍卫欲言又止，停顿了一会儿，然后困惑地

皱着眉头，转述了已故皇帝的口信："去看看冉冉升起的太阳吧，我已日薄西山。"⁵

斯多葛哲学家的故事

马可是古罗马最后一位著名的斯多葛主义者。然而，有关斯多葛主义的故事可以追溯到他死亡前近五百年，这个故事与一场海难相关。一位来自塞浦路斯岛的年轻富有的腓尼基商人——季蒂昂的芝诺，当时正在运送贵重的紫色染料，穿越地中海。成千上万的发酵贝类需要精心手工解剖，才能提取出几克这种价值连城的染料，被称为帝国紫色或皇家紫色，因为它被用来给帝国皇帝的长袍染色。这艘船在航行过程中遭遇了一场猛烈的暴风雨，但是芝诺侥幸逃脱，被风浪冲到希腊比雷埃夫斯港口岸边。在海滩上，他绝望地看着自己那些珍贵的货物被卷入海浪之中，回归大海。

芝诺在海难中失去了一切，悲痛欲绝，只能前往附近的雅典谋求生路，却发现作为一个身处异国、身无分文的移民，只能过着乞丐的生活。为了寻找最好的生活方式的指导，他跋涉了数英里来到德尔菲神庙寻求神谕，神庙中的阿波罗神通过他的女祭司宣布，芝诺应该拥有的不是死贝类的颜色，而是死人的颜色。他对这个神谕百思不解，只能充满迷茫地返回雅典，一头扎进路边的书摊里。偶然间，他开始读到关于苏格拉底轶事的书，作者是苏格拉底最杰出的学生——色诺芬。书的内容像惊雷般震撼了他，彻底改变了他的生活。

希腊贵族传统认为，美德与贵族血统有关。然而，苏格拉底认为，正义、勇气和节制等古典美德只是道德智慧的表现形式，任何人都可能习得。他教导色诺芬，人们应通过自律来探索智慧和美德。在苏格拉底被处决后，色诺芬忠实地记录了苏格拉底关于哲学的对话。正是在那一刻，芝诺顿悟了神谕的意思："死人的颜色"是吸收智者的教导和智慧，如他正在阅读的色诺芬所写的《回忆苏格拉底》的作品一样。

芝诺放下书，跳了起来，兴奋地问书商："我现在在哪里能找到这样的人呢？"碰巧的是，著名的犬儒哲学家，底比斯的克拉泰斯刚好经过这里。书商于是直接指给他，说："跟那个人走吧。"芝诺成为了克拉泰斯的追随者，克拉泰斯信奉由辛诺普的第欧根尼建立的犬儒主义哲学。因此，斯多葛主义可以说从犬儒主义演变而来，这两种学说一直紧密联系，直到马可·奥勒留的时代依然如此。

当我们今天谈到"愤世嫉俗"（cynicism）时，指的是一种消极和不信任的态度，但这与"犬儒主义"（Cynicism）的含义几乎没有关系。古老的犬儒主义哲学侧重于通过严格的训练，包括忍受各种形式的"自愿的艰辛"，来培养人的美德和性格的力量。这是一种简朴而自律的生活方式。芝诺的追随者后来称之为一个人走向美德的捷径。然而,芝诺并不完全满足于这种犬儒主义的哲学,因为他发现这种学说缺乏理性的严谨性。因此,他继续分别在柏拉图和麦加拉的欧几里得那里学习,他们是苏格拉底最著名的两个学生。应该说,他所学习的这些学派关注哲学的不同方面:犬儒学派注重美德和自律,麦加拉学派注重逻辑,学园派则关注现实潜在本质的形而上学理论。

芝诺一直在设法结合雅典不同哲学最优秀的方面。然而,关于成为哲学家意味着什么,犬儒学派和学园派通常被认为代表了截然不同的心理预设。犬儒主义嘲笑柏拉图学园派的自命不凡和书呆子的本质。反过来,学者们认为犬儒主义的教条粗鲁而极端——柏拉图称第欧根尼为"疯了的苏格拉底"。所以,芝诺自己的立场一定是有所折衷的。他的追随者相信研究哲学理论或逻辑和宇宙论物理学等学科可以是有益的,因为它能够使我们更有德行,并让人格更高尚。然而,如果过于"学术化"或迂腐,让我们偏离了对美德的追求,那么它也可能是件坏事。马可从他的斯多葛学派老师那里学到了同样的态度。他一再警告自己,不要因为读太多的书而疏远生活,从而把时间浪费在逻辑和形而上学的琐碎问题上,要做的是专注于实现明智地生活这个目标。

在雅典大约学习哲学了二十年后,芝诺在一栋公共建筑里创办了自己的学校,那里可以俯瞰画廊,他常常来回踱着步子向学子们论述哲学。聚集在那里的学生最初被称为芝诺学派，但后来开始自称为斯多葛学派，"斯多葛"是"画廊"的音译。"斯多葛学派"这个名字可能也暗示了该哲学实用、脚踏实地的本质。它出现在雅典的街道及公共场合，靠近苏格拉底曾讨论智慧和美德的市场。名字从芝诺学派改为斯多葛学派意义重大，因为与其他智者教派不同，斯多葛主义创始人并没有自称为智者。芝诺对学生的态度与塞涅卡相似，塞涅卡并不像医生那样自称是专家，他认为其角色更像一个病人，正向临床的同伴描述自己的治疗进展。这与伊壁鸠鲁主义学派形成了鲜明的对比，后者以其创始人名字命名。伊壁鸠鲁的确声称自己是完美的智者，他的学生们被要求牢记他的语录，庆祝他的生日，并尊敬他的形象。

芝诺告诉他的学生们，他更看重智慧而不是财富或声誉。他常说："我最受益的旅程，开始于我遭遇海难失去全部财产的那天。"[6] 即使在今天，接受心理治疗的患者也会有这样的矛盾认识，失去工作可能是发生在他们身上最好的事情。芝诺得到了犬儒主义的教导，即财富和其他永恒的东西是不重要的，美德才是生活的真正目标。简而言之，犬儒主义的意思是，德行是唯一且最重要的东西，相比之下，智慧在于学会把生活中的其他一切都看作是毫无价值的。他们认为，掌握这种能力需要终身的道德和心理训练，自愿忍受苦难和放弃某些欲望。

然而，与犬儒主义不同的是，其他哲学家认为，除了美德之外，"外物"——如健康、财富和声誉——也是美好生活的必需条件。问题是，这些外在的东西部分掌握在命运的手中，这就似乎使得许多人无法实现美好的生活。例如，按照雅典人的标准衡量，苏格拉底的长相是出了名的丑陋，他的生活也相对贫困，最后还死于有权力的敌人的迫害。不过，如果他英俊、富有、众口皆碑，他的生活会更好吗？他的伟大之处，不正是他能够在生活中正确处理这些障碍的智慧和力量吗？正如我们看到的，芝诺的创新是认为这些外在优势，如财富、权势等确实有一些价值，但与美德却无可比性。他们并不总是完全忽视这些的。对于斯多葛学派来说，美德仍然是唯一益事——犬儒主义也是对的——但在合理范围内，人可以更喜欢健康胜过疾病，财富胜过贫穷，朋友胜过敌人，等等。财富等外在优势可能会创造更多的机会，但它们本身根本不具备定义美好生活的价值。

芝诺受到早期犬儒主义训练的启发。然而，他还是尝试把犬儒学派与其他雅典哲学学派结合起来，扩展其教学的范围。通过广泛深入的研究，他相信逻辑和形而上学等知识有助于我们道德品质的发展。由此，芝诺建立了斯多葛主义的课程，并将其分为三个主题：伦理学、逻辑学和物理学（包括形而上学和神学）。斯多葛学派有一系列的领袖，或称"学者"，他们也有一套典型的核心教义，但始终鼓励学生们独立思考。芝诺死后,他的一个学生克里安提斯成为斯多葛学派的领袖,他曾是一名拳击手,以晚上灌溉花园谋生;紧随他之后是克利西波斯,是古代世界评价最高的知识分子之一。这三个人发展了斯多葛学派的原始经典理论。

芝诺的教导通俗易懂、实用、简洁。忠于他的犬儒主义理论根源,芝诺专注于改善他的年轻学生的性格,同时避免冗长的学术辩论。当有人抱怨他的哲学论点突兀、缺乏相应论证时,芝诺表示同意并回答说,如果可以的话,他也会将其缩写为字母音节。然而,克利西波斯本身是一位多产的作家,他提出了许多论点——我们知道他总共写了七百多本书。到他身处的时代,哲学家们已经开始论战反对其他学派,尤其是新兴的学术怀疑论者,这导致越来越复杂的哲学论点的形成。另一方面,克利西波斯的老师克里安提斯事实上并不是一个伟大的知识分子。据说,克利西波斯经常说,如果克里安提斯能切入重点直接教他结论,他就能找到更好的论据支持论点。今天,许多研究斯多葛主义的学生都采取了类似的态度:他们被斯多葛主义的世界观所吸引,但更喜欢借鉴现代科学和哲学和更广泛的论点来"更新"它。斯多葛哲学从来就不是教条主义的,克利西波斯在很多方面并不同意芝诺和克里安提斯的观点,这也使得斯多葛主义得以持续创新发展。

据一位作者说,斯多葛学派学派存活了几个世纪,不知道为什么后来分裂成三个不同的分支。幸运的是，当时帝国的罗马人已经开始接受希腊哲学，并对斯多葛主义有一种特殊的亲和力和认同感。摧毁迦太基的罗马将军小西庇阿成为雅典斯多葛学派的学生，罗得岛的帕纳埃提乌斯也接受了斯多葛学说。在公元前二世纪，小西庇阿在罗马聚集了一群被称为西庇阿小圈子的知识分子，其中包括另一位有影响力的罗马斯多葛学派人，他的挚友——智者莱利乌斯。

以上几代人之后，著名罗马政治家和演说家西塞罗是我们了解早期斯多葛主义最重要的资料来源之一。虽然西塞罗是柏拉图学园派的追随者，但对斯多葛学派的哲学非常了解，并写了许多相关的文章。另一方面，他的朋友和政治对手，尤蒂卡的卡托，据称是一个"完全的斯多葛主义者"，但他没有留下任何哲学著作。卡托死后，西塞罗在罗马内战期间坚定地反对凯撒大帝，成为一个时代英雄，并激发了后代斯多葛学派的灵感。

凯撒被暗杀后，他的侄孙屋大维成为罗马帝国的奥古斯都，罗马帝国的创始人。奥古斯都有一个著名的斯多葛学派导师，叫做阿里乌斯·迪迪姆斯，这为罗马皇帝开创了一个先例。他们追随马可，由此皇帝与哲学联系在一起。在奥古斯都之后的几代人里，斯多葛学派哲学家塞涅卡成为年轻的尼禄皇帝的修辞学导师，后来成为他的演讲稿撰写人和政治顾问。随着尼禄堕落为一个残忍的暴君，这个职位显然给塞涅卡所提倡的斯多葛学派道德价值观带来了很大的压力。与此同时，一个由名为特拉塞亚的元老院领导，叫作斯多葛反对派的政治派系试图采取坚持原则性的立场，反对尼禄和其他被他们视为暴君的皇帝。马可后来表达了他对卡托、特拉塞亚，以及有关人士的钦佩。这很有趣，因为这些斯多葛学派曾是帝国统治者的著名反对者，或者至少是批评者。

相比之下，皇帝尼禄对哲学家们的政治异议则不那么宽容，他同时处决了特拉塞亚和塞涅卡。尼禄的秘书拥有一个名叫爱比克泰德的奴隶，他在获得自由后，成为了罗马历史上最著名的哲学教师。爱比克泰德没有自己的著作，他与学生的讨论话语被一个叫阿里安的学生记录在几本演讲书和一本篇幅很短的《手册》中，总结了他的教学实践的方方面面。马可认识的斯多葛学派人深受爱比克泰德的影响，有些人可能参加过他的讲座。据说，马可主要的斯多葛导师是朱尼厄斯·拉斯蒂克斯，他提供给马可这些讲座笔记。所以，爱比克泰德是《沉思录》中被引用最多的作者也就不足为奇了。马可认为，自己是爱比克泰德的追随者，尽管两人从未谋面。

在染料商人芝诺创立斯多葛学派近五个世纪后，马可仍在谈论如何把东西染成紫色。他警告自己，不要让性格染上皇家紫色，从而变成凯撒，而应该始终追求并忠于自己的哲学原则，这些才是让人品性高贵的东西。他提醒自己，紫色皇袍只是用发酵的贝类黏液染成的羊毛，要用斯多葛学派老师传下来的哲学训诫来染色，让自我德行圆满。马可认为，自己首先是斯多葛学派，其次才是皇帝。

什么是斯多葛学派的信仰？

斯多葛学派信者是多产作家，但可能只有不到百分之一的作品流传下来。今天我们能读到的最具影响力的作品，来自三个罗马帝国时代著名的斯多葛学派人物：塞涅卡的各种信件和散文，爱比克泰德的《论说集》和《手册》，以及马可的《沉思录》。也有一些由西塞罗所写的关于斯多葛主义的早期罗马著作，一些早期希腊斯多葛学派的片段，以及其他人书写的一些短文。仅有的这些资料是不完整的，但它们的确为斯多葛哲学核心学说完整理论的形成做出了贡献。

苏格拉底死后，希腊哲学学派在人生目标上产生了分歧。对于斯多葛学派来说，这个目标被定义为"顺应自然的生活"，这与明智和道德的生活同义。斯多葛学派认为，人首先是会思考的生物，能够运用理性。虽然我们与其他动物一样有许多共同的本能，但是只有理性思考的能力使我们成为人类。从某种意义上说，理性支配着我们的决定——斯多葛学派称之为"支配能力"。它允许我们评估自己的思想、感受和冲动，并决定它们是好的还是坏的，健康的还是不健康的。

因此，我们有一种与生俱来的使命，即保护我们的理性思考及正确使用它的能力。当我们能理性思考生命并理智地生活时，我们就展现了智慧的美德。在某种程度上，顺应自然的生活意味着开发了我们天性里的智慧潜力，这也是我们作为人类能够繁荣兴盛的意义所在。

因此，斯多葛学派认为希腊词语中哲学的字面意思是"爱智慧"。他们热爱智慧或者热爱美德，高于一切。如果"美德"听起来有点浮夸，那么希腊语"arete"这个词可以翻译为"卓越的品格"。从这个意义上说，当人们清晰地思考、进行理性推理时，他们就会变得卓越，这意味着明智地生活。斯多葛学派采用了苏格拉底的方式，将基本美德划分为智慧、正义、勇气和节制。其他三种美德，可以理解为我们在生活应用不同领域的智慧。正义在很大程度上是应用于社会领域的智慧，即我们与他人的关系。展示勇气和节制，涉及如何分别掌控我们的恐惧和欲望，以及战胜斯多葛学派所说的不健康的"冲动"，否则它就会干扰人遵循智慧和正义生活的能力。

所有这些形式的智慧，主要需要我们理解善、恶和非善非恶的事物之间的区别。美德是好的，恶是坏的，其他的一切非善非恶。事实上，正如我们所看到的，斯多葛学派继承犬儒学派的观点，坚持认为美德是唯一真正的善。然而，芝诺将他认为无所谓的事物继续细分，分为首要的、次要的、完全无所谓的。粗略地说，外在的东西确实有一些价值，但它们不值得人们为此烦恼——这是一种不同的价值。斯多葛学派解释的方式是，如果把美德放在天平的一端，那么不管另一端堆积多少金币或其他无关的东西，也永远不会打破平衡。然而，一些外在事物确实比另一些更好，而智慧恰恰给予人们判断这种价值的能力，如活着比死好、财富比贫穷好、健康比疾病好、朋友比敌人好、等等。

正如苏格拉底所说，只有当我们明智地使用生活中的外在优势才是好的。然而，如果某样东西可以既用来行善或用来作恶，它本身就不是真正的好，所以应该被归为非善非恶或中立。斯多葛学派会说，健康、财富和声誉等东西最多是优势或机会，而不是其本身好。社会物质上的优势，实际上给了愚蠢的个体更多的机会去伤害自己和他人。如果处理不好，像财富等外在优势则会弊大于利。看看那些彩票中奖者，那些突然得到可挥霍的财富者，往往结局比想象得更悲惨。斯多葛学派则会走得更远：即使面对疾病、贫穷和敌人，智者和好人也可以蓬勃发展。斯多葛学派生活的真正目标不是尽可能地获得外在优势，而是明智地利用我们所拥有的任何东西，无论是疾病还是健康、财富还是贫穷、朋友还是敌人。斯多葛学派的圣人或智者能够做到物尽其用，不需要其他任何东西；在他们看来，只有傻瓜才相信自己"需要"无数的东西，却不好好利用。

最重要的是，追求这些偏爱的东西，绝不能以牺牲美德为代价。例如，智慧可能会告诉我们，财富通常比债务更好，但对金钱的追求高于正义是种恶。为了解释智慧和美德的最高价值，斯多葛学派将理性，即我们的"统治能力"，与国王的宫廷进行了比较。宫廷里的每个人在各种等级制度中都会找到自己的位置。然而，国王确实是其中至高无上的，因为他掌管宫廷其他人在等级制度里的位置。正如前面提到的，斯多葛学派将理性比喻为国王，是我们的"统治能力"。人的本性使得我们在生活中渴望某些东西，比如性和食物。理性让我们退后一步，质疑想要的东西是否真的对我们有好处。理性具有独特的价值，因为它允许我们判断外在事物的价值——它是一切价值的来源。因此，斯多葛学派可能会说，如果一个人拥有了全世界，却失去了智慧和美德，那么又有什么意义？

斯多葛学派除了相信人类本质是理性生物之外，还相信人类本质是社会性的。这一论断的前提是在正常情况下，我们对自己的孩子有着天然情感的纽带。正如现在所知，如果不这样做，我们的后代就不太可能存活下来，并传递我们的基因。这种自然的感情纽带也往往会延伸到其他所爱的人，如配偶、父母、兄弟姐妹和亲密的朋友。斯多葛学派相信，随着智慧的成熟，我们越来越认同自己的理性能力，也开始认同其他有理性能力的人。换句话说，智者将道德思考延伸到所有理性的生物,并在某种意义上把他们看作兄弟姐妹。这就是为什么斯多葛学派将他们的理想描述为世界主义,或者将自己称为"世界公民"——苏格拉底和犬儒学派的第欧根尼提出了这个名词。斯多葛学派的伦理包括培养正义、公平和善良等美德,以及对他人的自然感情。虽然在今天,斯多葛主义强调的忽视社会差异(维度)经常被忽略,但它是《沉思录》的主题之一。马可几乎在《沉思录》每一页上都提到了正义和善良的美德、自然的感情、人类的兄弟情谊和道德世界主义等话题。

有一个流行的误解,认为斯多葛学派是没有情绪、冷漠的人。古代斯多葛学派一直否认这一点,说他们并不想成为一个铁石心肠的人。事实上,他们区分了三种类型的情感:好的、坏的和中立的。他们给许多类型的激情命名,包含欲望和感情,将其分为三类:

1. 深刻的喜悦或快乐,来自充满智慧和美德的生活,即安宁;
2. 健康的、非邪恶的感觉,如良知、荣誉、尊严或正直;
3. 友谊、善良和善意,帮助自己和他人的愿望。

他们还相信,我们有许多非理性的欲望和情绪,比如恐惧、愤怒、渴望和某些有害的享乐。斯多葛学派不认为不健康的情绪应该被抑制,相反,它们应该被健康情绪所取代。然而,这些健康的情绪并不完全在我们的控制之下,我们也并不总是保证能体验到它们,所以不应该把它们与美德,即生活的主要目标混为一谈。对于斯多葛学派来说,它们就像是一种额外的奖励。

他们还教导我们,我们原始本能的情感,应该被视为自然反应和无关紧要的,包括被惊吓或激怒、脸红、脸色苍白、紧张、颤抖、出汗或结巴。它们是自然的反射反应,是我们在将它们升级为成熟的冲动之前的第一反应。我们与一些非人类动物共有这些原始的情感,所以斯多葛学派认为它们既不好也不坏,是无所谓的。事实上,如下所述,塞涅卡指出,在展示勇气和美德之前,人至少需要克服一些恐惧和欲望。

即使是斯多葛学派的智者也会在危险面前战栗,重要的是他下一步要做什么。他能坚持理性,接受并超越这些感受,精确地表现出自我控制能力。(他没有被快乐的诡魅歌声所陶醉,也不惧怕痛苦的毒刺伤害自己。)有些痛苦可能会让我们更强大,有些快乐有可能会伤害我们。重要的是我们如何利用这些经历,为此,我们需要找寻智慧。智者会忍受痛苦和不适,比如接受手术或大强度的体育锻炼。这有利于他的身体,更重要的是这也有利于塑造人格。如果快乐有损他的身体或性格,他同样会放弃,如吃垃圾食品、沉迷于毒品或酗酒。最终,一切都回归到运用理性训练来理智地生活的目标上。

到目前为止，你会意识到人们把斯多葛主义（Stoicism）和禁欲主义（stoicism）混为一谈造成了多少混乱。后者的禁欲主义，只是一种个性特征：它是精神上的坚韧，或是毫无怨言地忍受痛苦和逆境的能力。前者则是整个希腊哲学的学派。情感上的坚忍只是这种哲学的一小部分。小写的禁欲主义忽略了斯多葛主义美德的整个社会维度，这关乎公平、正义，以及对他人友善。此外，当人们谈论坚忍或不动声色时，通常意味着只是压抑自己的感情，这是相当不健康的。所以重要的是要弄清楚，这种认识并不是马可和其他斯多葛哲学家所推崇的思想。斯多葛学派的哲学教导我们把不健康的情绪转变为健康的情绪，要达到这一目标，我们需要通过理性来判断价值，以及坚持其他斯多葛学派的信条。就像在现代理性情感行为疗法和认知行为疗法中所做的一样。

接下来的章节中，你将了解到斯多葛学派如何将他们的哲学应用于生活，以解决特定类型的心理问题，包括痛苦、担忧、愤怒和迷茫。我描述马可的生活故事，主要目的是提供斯多葛学派应对现实生活的策略，为斯多葛哲学提供一张清晰的面孔。后面，我们将从马可的早期生活和教育开始，通过介绍斯多葛学派语言体系，直接进入现实生活问题的核心。

第二章

罗马最诚实的孩子

如何坦率说话，明智表达

马可告诉自己，真正的哲学既简单又谦逊。从这一点来说，永远不应掺杂虚荣或炫耀。他说，永远要走最短的路。自然的路便是捷径，它通向最明智的言语和行为。

马可出生于公元一二一年四月二十六日,据记载,"哈德良看着他长大"[1],他后来改名为奥勒留,在整个童年时代被称为马可·安尼乌斯·维鲁斯,以他的父亲及祖父的名字命名。移居罗马之前,他们全家住在罗马的巴提卡西班牙行省(在今西班牙)的乌库比小镇。在他大约三岁那年,父亲去世了。我们不知道当时具体的情况,马可也对父亲知之甚少,后来根据别人口中评价及自己的点滴记忆,在书中描写了他父亲具有男子气概及谦逊的品质。

马可由母亲和祖父抚养长大。他的祖父是一位非常杰出的元老院议员,曾三次担任执政官。他是哈德良皇帝的挚友,同时是萨比娜皇后的内弟,这位皇后是马可的伯祖母。作为与皇室关系密切且富有的贵族家庭成员,马可自然能够加入到祖父的社交圈中。马可几乎被所有人喜爱,这也引起了哈德良的注意。他从小就受到皇帝的诸多嘉奖,六岁时允许他加入骑士团,成为罗马骑士。八岁时,被哈德良安排进入萨利圣学院,扮演祭祀牧师角色,他的主要职责是身着古代盔甲，手持礼仪剑和盾牌，在盛大仪式上表演纪念战神马尔斯的舞蹈。

哈德良给这个男孩取了绰号"韦里西穆斯"，意思是"最诚实的"，这是他的姓氏"维鲁斯"的戏称，本意是"真实"。他发现小小年纪的马可却是王宫里最直言不讳的人。事实上，马可的家庭虽然富贵、有声望，却以珍视诚实和俭朴的品质而闻名天下。马可对言辞坦诚的热衷，使得斯多葛哲学对他有种天生的亲和力。然而，当时在哈德良宫廷中盛行"第二代智术师"运动，在这场修辞和演讲的文化运动中，马可却显得与注重言辞修饰的流行趋势格格不入。在哈德良时代，希腊的艺术和文学已经广泛流行。希腊的知识分子，尤其是演说家极受尊重，他们成为罗马精英阶层的导师，这使希腊文化在罗马帝国的中心蓬勃发展。

修辞学老师对演讲中使用的语言有着非常规范的研究，这些语言学习的内容也是当年所有年轻贵族课程的一部分，所以修辞学老师也被称为诡辩家，这可以追溯到苏格拉底时代的希腊传统。他们的课程包括道德课程、哲学片段，以及其他知识文化方面的内容。我们现在用的"教养"这一词所描述的内容，大概就是他们想要传授的东西。正如苏格拉底所说，尽管诡辩家经常听起来像是在研究哲学，但他们的实际目标是通过展示自己的口才来赢得赞誉，而不是为了培养美德。简而言之，虽然他们滔滔不绝地把智慧和美德挂在嘴边,但他们并不一定依照这些价值观生活。他们通常更关心相互竞争,用知识和口才赢得公众的掌声。因此当时,对许多罗马人来说,展现智慧比拥有智慧本身更重要,就连皇帝本人也不免沉溺其中。据我们最重要的史料之一《罗马皇帝传》记载,尽管哈德良本身就是一个颇有才华的散文家和诗人,他却经常嘲笑和羞辱其他的文学家及艺术老师,以此显示比他们更有文化和智慧。他常常与某些老师和朋友进行自命不凡的争论,双方都发行小册子和编写诗歌来反驳彼此——仿佛古罗马时代的网络攻击。

例如,诡辩家阿雷拉特的法维里努斯是整个帝国最优秀的知识分子之一。他精通学院的怀疑论哲学,并以修辞学知识和良好的口才赢得了广泛的赞誉。他在公共场合毫不留情地指正了哈德良皇帝使用的某些词语。法维里努斯对他的朋友们说:"如果你们允许我把那位拥有三十个军团的皇帝看作是最博学的,你们是放任我误入歧途。"[2]哈德良固执己见,独断专行。更糟糕的是,他对异己者进行了残酷的报复。最终,法维里努斯招来哈德良的不满,被流放到希腊的希俄斯岛。然而,不知为何,哈德良却相当钦佩正直的、直言不讳的年轻贵族,那个被他爱称为"韦里西穆斯"的马可。因为马可热爱真正的智慧,胜过徒有其表的智慧。

哈德良皇帝是一个有才华、有激情、反复无常的人,你可以说这种人非常聪明,但未必明智。出乎意料的是,据说他是罗马帝国最重要的斯多葛主义老师爱比克泰德的朋友。我们很难想象，斯多葛学派如何能容忍哈德良那种近乎残酷的唯我独尊。皇帝与爱比克泰德最著名的学生阿里安的关系也很好，阿里安编纂了《论说集》和《手册》。正如我们看到的，阿里安在哈德良皇帝统治期间声名鹊起。不过，毕竟哈德良皇帝不是哲学家，对于哲学的态度，他和诡辩家的态度一样肤浅：认为这只是一种炫耀学问的资本。

相比之下，爱比克泰德以典型的斯多葛风格，不断警告他的学生不要混淆学术学习和智慧，强调避免琐碎的争论、不要吹毛求疵或在抽象的学术话题上浪费时间。他强调了诡辩家和斯多葛学派的根本区别：前者的演讲是为了赢得观众的赞扬，后者是帮助他们获得智慧和美德以使其进步。[3] 修辞学家热衷于赞扬，这是虚荣；哲学家热爱真理，拥抱谦卑。修辞学仿佛是一种娱乐形式，悦耳动听；哲学则是一种道德和心理疗法，听起来都是逆耳之言，为了解决问题，我们首先得承认自己的认知存在一定的错误——有时真相会让人很受伤。爱比克泰德的老师，斯多葛学派的穆索尼乌斯·鲁弗斯曾告诫学生："如果你还有闲暇赞美我，那么我说的话就毫无用处。"因此，爱比克泰德说，哲学家的学校应该是医生的诊所：在那里人们期待的不该是快乐，而是痛苦。

随着时间的流逝，马可对于诡辩学派的价值观逐渐醒悟，同时对斯多葛学派的自然亲和力却不断增强。我们推断这在某种程度上得益于他的母亲。他的母亲多米蒂·露西拉是个杰出的女人，就像他的父亲一样，她也来自显赫的罗马贵族家庭。她非常富有，继承了一大笔遗产，包括位于罗马附近的一家重要的砖瓦厂。然而，马可后来说母亲极其简朴和低调的生活方式对他影响深远，用他的原话来说："远离奢侈。"[4]

这种对俭朴生活的热爱和对奢华的厌恶，对她的儿子可谓影响深远。几十年后，马可在《沉思录》中透露了他对宫廷生活的虚伪和堕落的反感。但他向自己承诺，再也不会把时间浪费在厌倦的情绪之中。他补充说，只有借助于哲学的力量，宫廷生活才可以忍受。他提醒自己，无论在哪里人都能生活，都能好好地生活，明智地生活，即使是在罗马。在那里，他深知追寻和保持斯多葛学派的美德是一场斗争。他发现宫廷生活的各种虚伪，最终让他陷入了日日夜夜的沮丧中，于是他转向依靠斯多葛主义寻求解决之道。[5]

马可还从他的母亲那里学到了慷慨。在他唯一的妹妹结婚后，马可把他父亲留给他的遗产留给了她。他一生中还获得过许多其他遗产，据说，他总是会把它们送给死者的近亲。几十年后，在第一次马科曼尼战争初期，马可担任皇帝统治期间，发现国库已经耗尽。为了解决帝国财政危机，他举行了一场持续两个月的公开拍卖，出售了无数的皇室珍宝，为战争筹集资金。他淡泊富贵，对俭朴生活处之泰然，努力遏制宫廷生活的奢侈作风，对解决严重的财政危机发挥了巨大作用。

马可的母亲热爱希腊文化,她把儿子介绍给了一些知识分子,他们后来成为了他的朋友和老师。马可提到,他的斯多葛学派导师朱尼厄斯·拉斯蒂克斯教他用一种非常简单而不做作的风格写信,就像拉斯蒂克斯从意大利海岸的锡努萨给马可的母亲写来的信件一样。[6]拉斯蒂克斯和马可的母亲似乎是老朋友了。除了受到母亲所热衷的希腊文化的影响,马可在成长过程中也得到了一些古罗马价值观的灌输,这一切无疑为他后来对斯多葛学派哲学的兴趣铺设了道路。事实上,这可能就是为什么他在《沉思录》卷首向他们致谢的原因。

马可从很小的时候,就开始在这些价值观的基础上进行哲学学习。据《罗马皇帝传》记载,哈德良在世时,马可已经完全投身于斯多葛学派哲学。然而,早在他还是母亲身边的小男孩,开始师从几位著名的导师学习哲学理论之前,他已经学会把哲学作为一种实用的生活方式。他首先锻炼自己忍受身体不适以及克服不健康的习惯。他学会容忍别人的批评,避免轻易被甘言好辞左右。

以这种方式控制我们的冲动情绪是学习斯多葛主义的第一阶段。爱比克泰德称之为"欲望原则",它涵盖了我们的欲望和恐惧、厌恶。正如我们所见,斯多葛学派受到了之前的犬儒学派哲学家的诸多影响。爱比克泰德所教授的斯多葛主义特别重视犬儒主义思想的某些方面。据说,他以"忍耐,再忍耐"的口号而著称。在《沉思录》中,马可引用了这个口号,他告诫自己必须努力容忍他人的缺点,继而克制自己不当的回应,同时平静地接受自己无法直接控制的事情。[7]

在《沉思录》第一卷中,马可在思考了从家庭学到的好品质和教育之后,赞扬了一位神秘的无名老师,这位老师可能是他母亲家里的奴隶或被解放的奴隶。[8]非比寻常的是,马可似乎认为一个卑微的奴隶对他的道德发展的深远影响,远超哈德良皇帝或任何一位修辞学导师,其中包括帝国中一些最受尊崇的知识分子。这位无名者向幼年的马可展示了如何耐心地忍受困难和不适。他教会马可自力更生和清心寡欲。马可还从他那里学会了如何对诽谤充耳不闻,以及如何避免插手别人的事。这与哈德良以及那些著名的诡辩家所树立的榜样截然不同,诡辩家只是为了争相赢得皇帝的青睐和罗马群众的掌声。这位无名老师还告诫马可,不要在战车竞赛中站在绿蓝派的任何一边,也不要在竞技场中支持不同的角斗士。正如我们所知,犬儒学派以通过简朴的生活方式和各种锻炼来让自己忍受困难(痛苦)而闻名。他们还训练自己忽略外物,无视他人的赞扬和谴责。这样做可以让他们非常清楚、简单地说出真相。马可的这位无名导师是受到了犬儒主义的影响,还是凑巧有相似的价值观,我们并不得而知,但他的确为这个孩子未来学习斯多葛主义提供了坚实的基础。

那么,是谁第一次把哲学学习介绍给了马可?令人诧异的是，他说是他的绘画老师戴奥吉纳图斯。马可十二岁时遇见了戴奥吉纳图斯，那时他进入了教育的更高阶段。在《沉思录》中有一些引人注意的段落，马可描绘了画家眼中的视觉细节，比如面包上的裂缝、老人脸上的线条、从野猪嘴里滴下来的唾液沫。这些细节可以用来阐述斯多葛学派的形而上学思想：当作为整体的一部分时，事物明显的缺陷美和其价值会变得更加显眼。所以，人们不由想到，这些观点是否受到了童年时代与他的绘画导师进行哲学对话的启发。

戴奥吉纳图斯还教马可不要把时间浪费在琐事上，并引导他远离流行的娱乐活动，比如斗鹌鹑——也许相当于今天的电子游戏。他告诫马可，不要被兜售奇迹和魔法的江湖骗子或那些自称驱魔师的人（大概是早期基督徒）欺骗。马可可能从犬儒学派或斯多葛学派哲学家那里学到了蔑视超自然的法术，以及不要在赌博等消遣上浪费时间和精力。戴奥吉纳图斯还教导他倾听逆耳之言，睡在铺着毛皮的坚硬的营房地上，确定无疑，这是犬儒派的生活原则。[9]事实上，据《罗马皇帝传》记载，大约在戴奥吉纳图斯成为他的导师的时候，马可开始身着哲学家的装束，并锻炼自我忍受艰难生活条件的能力。然而，他的母亲认为，像斯巴达军团一样睡在毛皮上是很荒唐的。她费了一番口舌说服他睡到长塌上，但他坚持只铺动物皮毛，而不用其他奢华的寝具。

马可说，戴奥吉纳图斯教会他"希腊训练"的方方面面。

虽然我们不知道所有这些具体都是什么，但我们可以推测到其中的零光片羽。犬儒派哲学家们总是吃非常简单的廉价黑面包、扁豆或扁豆籽，主要喝水。根据爱比克泰德的老师穆索尼乌斯·鲁弗斯的说法，斯多葛学派应该吃简单、健康的食物，进食时应当专注，保持节制，不要像饕餮之徒一般贪婪。

和犬儒学派一样，斯多葛学派有时也会锻炼自己忍受严寒酷暑的能力。据说，犬儒学派的第欧根尼在冬天赤身裸体拥抱冰冻的雕像，或者在烈日下炎热的沙子中打滚。塞涅卡描述了新年伊始在台伯河里洗冷水浴和冬泳——在今天受到斯多葛主义影响的人中，冷水浴依然很受欢迎。虽然马可没有提到这些，但他可能在年轻时也采取了类似的训练，作为他自愿忍受艰辛的"希腊训练"的一部分。法国学者皮埃尔·阿多认为，这个词影射了斯巴达人臭名昭著的训练，这些可能影响了犬儒学派的哲学家和一些斯多葛学派所采取的苦行生活方式。

事实上，在古代世界，哲学首先是一种生活方式。但今天，大学里教授的"哲学学术"已经转变成了一种更加书卷气的理论追求。相比之下，古代哲学家往往因为生活方式甚至穿着方式而被认出来。斯多葛学派如同他们之前的犬儒学派，只穿一件传统的长袍。这种在希腊语中被称为"肋袍"的袍子，实际上就是最基础的披风或斗篷，由未染色的羊毛制成，通常是灰色的，裹住身体，裸露肩膀。某些哲学家也赤脚行走，如苏格拉底和犬儒主义者。一些罗马哲学家会这样穿着，尽管这种风格可能偶尔被认为是过时或装腔作势。至少在马可的青年时代，他穿着哲学家的斗篷。正如雕塑展示的，他蓄着整洁的长胡子，这可能是那个时期斯多葛学派的典型特征。

也许戴奥吉纳图斯本人就像哲学家一样着装及生活，马可受到启发去效仿他。更令人吃惊的是，在"第二代智术师"鼎盛时期，演讲术和诗歌在哈德良的宫廷里风靡一时，马可却与之背道而驰。他以希腊哲学的简单和坦诚，摆脱了修辞的复杂和浮夸。除了向他介绍这种生活方式，戴奥吉纳图斯还开始鼓励他与哲学对话，并参加几个哲学家的讲座（他只列举了三个人的名字，人们对此不知其详）。几年后，马可大概十五岁时，在一位著名的斯多葛学派老师，卡尔西顿的阿珀洛尼厄斯家里参加了一场短暂的讲座。那时阿珀洛尼厄斯碰巧正在访问罗马，他随后启程去了希腊，但是，我们将看到他很快就会被召回。

那时，马可已经是一个有抱负的斯多葛学派了。阿珀洛尼厄斯和其他人肯定向他介绍了爱比克泰德的教义，可以说当时爱比克泰德是所有罗马哲学家中最具影响力的。爱比克泰德的学校早已从罗马搬到希腊，在马可还是个孩子的时候他就去世了，所以几乎可以肯定他们从未谋面。然而，随着马可受教育程度的提升，他更喜欢和一些年长的男人为伍，这些人很可能参加过爱比克泰德的讲座，正在学习阿里安抄写的《论说集》。在《沉思录》中，马可将爱比克泰德与苏格拉底和克利西波斯一起，列为模范哲学家，[10]引用他的话比其他任何作家都多。马可显然开始把自己看作是爱比克泰德的追随者。然而，他的家人认为他的教育应当专注于从杰出的诡辩家那里学习修辞学，尤其是在他被指定为皇帝的继位者之后。

哈德良在婚姻中没有留下子嗣。所以，在晚年，当他的健康状况开始恶化时，他收养了一个继承人。出人意料的是，他选择了一个各方面资质相对平庸的人，名叫卢基乌斯·塞奥尼尤斯·康茂德，他后来被称为卢基乌斯·埃利乌斯·凯撒，开辟了帝国的官方继承人将获得凯撒称号的传统。然而，卢基乌斯体弱多病，一年多后他就死了。据说哈德良希望当年十六岁的马可成为他的继任者，但他觉得这个男孩还太年轻。最后，他选择了一个岁数更大的人，叫提图斯·奥勒留·安东尼，他已经五十岁出头了，有两个女儿，但儿子都夭折了。他娶了马可的姑妈福斯蒂娜。因此，作为皇家长期继承计划的一部分，哈德良选择了安东尼，条件是收养马可并让他直接继承王位。哈德良因此收养了马可，作为他的养孙。

公元一三八年初，在他被收养的那天，年轻的马可·安

第二章　罗马最诚实的孩子

尼乌斯·维鲁斯改姓为安东尼的姓氏，就此成了我们熟知的马可·奥勒留·安东尼。然而，事情似乎变得复杂了，哈德良最初任命的继承人卢基乌斯·埃利乌斯留下了一个年幼的儿子，也叫卢基乌斯。安东尼因此也收养了这个孩子，他成为马可的新兄弟，马可随即表示了热烈的欢迎，并钦定他的养兄和他为共治皇帝，也就是皇帝卢基乌斯·维鲁斯。这是罗马帝制确立之后第一次两位皇帝共同统治。据推测，马可之所以决定与他的兄弟分享权力，至少在一定程度上，是为了避免同样拥有王位继承权的卢基乌斯为抢夺政权而引发动荡。（关于马可和他的兄弟卢基乌斯的关系，我们后面详述。）

起初，马可对哈德良皇帝收养他进入皇室深感沮丧。他不愿意从母亲的别墅搬到皇宫里。当他的朋友和家人问及他为何如此不安，他随即列出一长串对宫廷生活的各种担忧。根据后来的解释，我们知道，他的内心一直与罗马政治的虚伪和腐败做斗争。然而，那天晚上，在得知自己将成为皇帝后，他梦见自己拥有象牙般的武器和肩膀。在梦里被问及胳膊是否还能用，于是他举起了重担，发现自己变得更强大了。裸露的肩膀是犬儒学派或斯多葛学派哲学家忍耐严寒的标志，所以他可能在这个梦中预见到，学习斯多葛学派哲学已经赋予他履行皇帝的使命所需的力量和韧性。

马可现在是王位的第二顺位继承人，注定要继承安东尼的王位。他被引荐到宫廷里的文化圈子，他们其中有些是帝国里最优秀的修辞学家和哲学家。马可一定也察觉到，他的价值观与哈良德皇帝一贯仗势欺人的行事方式完全不符，也不会像哈德良一样对他所谓的敌人充满疑心、不容异己、施加迫害。后来，他作为皇帝统治期间，对于那些公开嘲笑或批评他的政治对手，马可规定给予免责。对那些直言不讳的批评者，针对他们的演讲或小册子，他最多礼貌地做出回应，而哈德良会把他们放逐或斩首。马可有个著名的承诺，在他统治期间，不会有一个元老院的议员被处决。正如我们所知，即使在东部内战中有一些议员背叛了他，他依然坚守了这个承诺。他相信，真正的力量是一个人能表现出善良，而不是暴力或攻击性。

哈德良在生命的最后几年，变成了一个暴君。他变得越来越偏执，雇特工监视他的朋友，并下令执行一连串的处决。元老院最终对他痛恨至深，在他死后，他们想废除他曾确立的法案，拒绝给他传统的神格化荣誉。然而，新皇帝安东尼努力说服他们，最好以更温和的方式行事，为此他被赋予了"庇护者"的称号。哈德良无疑会被这样一个事实激怒：尽管其他文稿中多次提及他，但在《沉思录》的开卷中，马可单独赞扬了他的家人和老师，却始终没有提到哈德良。另一方面，马可不止一次地详细列举了安东尼的美德，并明确表示他代表了作为皇帝的理想榜样。

罗马历史学家在很多方面都把安东尼描述为他的前任的

对立面。事实上,马可赞扬他的养父身上的一些特质,可以被解读为对哈德良的含蓄批评。安东尼极其谦逊。据说,在被封为皇帝时,尽管遭到了来自皇室成员的抵制,但他通过减少宫廷盛大的仪式,赢得了人民的极大尊重。他接待访客时,经常打扮成一个普通百姓,不穿皇袍,试图继续像以前那样生活。然而他的难题是如何顺应哈德良,警惕他无常的情绪和暴躁的脾气。安东尼以心平气和,以及在宫廷和其他地方接纳直言不讳而闻名。与哈德良不同的是,安东尼对那些针对他的冷嘲热讽置若罔闻。

斯多葛学派欣喜地发现,一些人多年努力学习哲学,自然而然就会表现出他们所追求的美德。根据马可的说法,安东尼就是这样的人。马可所描述的他所拥有的特征,是他想通过斯多葛学派的训练而发展出来的性格。例如,一旦安东尼经过深思熟虑作出决定,便坚定不移地执行。[11]在《沉思录》中马可对他的前任如何从不寻求空洞的赞美或认可进行了思考;相反,他总是愿意倾听并仔细考虑别人的观点。对于那些需要再三思考的问题,他一丝不苟,从不草率地做决定,而且总是愿意质疑自己的第一印象。他会耐心地思考问题,直到他对自己的推理完全满意为止。他尊敬真正的哲学家,尽管他并不一定同意他们所有的学说。他不会攻击江湖骗子,但他也没有被他们所欺骗。换句话说,他是一个非常冷静和理性的人。他不受虚荣的束缚,使得他更坚定地遵循理性,更清楚地看待事情——与哈德良不同，他承认自己也会犯错，不可能事事正确。

在安东尼和马可的统治期间，罗马的文化属性明显从偏爱诡辩家转向了哲学家，尤其是斯多葛学派。马可想学习希腊语，但学习的方式与哈德良完全不同。他真心想把自己变成一个更好的人，而不仅仅为在文化竞赛中更胜一筹。这种转变的种子是由他的家人播下的，特别是他的母亲，但后来又经由一系列杰出的导师培育而成。

然而，年轻的罗马贵族还是被要求接受正式的修辞学学习，从他们十五岁左右穿上长袍象征正式成年开始。作为学生，马可的主要任务是通过学习修辞学让自己能言善辩，更有说服力，尽管这与他对斯多葛哲学日益增长的兴趣发生了冲突。希罗德·阿提库斯和其他人经常用希腊语教育他，这也是他写《沉思录》的语言。然而，自从安东尼皇帝收养了马可，他的主要导师就成了马可·科尼利厄斯·弗朗特，当时主要的拉丁修辞学家。

弗朗特一向被视为马可亲密的老师和家族朋友，直到公元一六六年或一六七年去世，他可能是罗马首次爆发瘟疫时的受害者。弗朗特后来记录了他对青年时代的马可的美好印象：在学习哲学之前，他天生就热爱美德，"在青春期之前是一个好人，在穿上长袍成年之前是一个出口成章的演讲者"[12]。弗朗特对马可来说非常重要，他成为了《沉思录》卷一中被引用的导师之一。然而,马可很少提及弗朗特对他的性格的影响,把更多的赞赏留给一个等级相对较低的希腊语法学老师,科蒂艾乌姆的亚历山大。尽管他们之间的关系很密切,但弗朗特并没有激励马可并成为他的榜样,甚至还试图极力阻止他的这位年轻学生成为斯多葛主义者。

弗朗特担心哲学家缺乏政治家和皇帝该有的口才,同时有可能在他们独特学说的影响下做出错误的决定。他写信给马可说,即使他拥有了斯多葛主义的创始人芝诺和克里安提斯的智慧,不管他喜欢与否,他仍然必须披上皇袍,"而不是哲学家们用粗羊毛做的披风"[13]。弗朗特的意思是马可不仅要有皇帝的穿着,而且要有皇帝的言辞,披上紫色的皇袍,让自己的官方口才赢得赞扬。然而,实际上,马可更喜欢像哲学家,甚至像普通百姓一样,穿着朴素,讲话坦诚。弗朗特的主要工作是给这个男孩灌输适合其身份的文化素养,训练他成为一名高效的政治演讲稿撰写人和演说家。这对年轻的凯撒来说是一段非常艰难的时期,因为徘徊在修辞和哲学之间。但是弗朗特的影响力逐渐减弱了。在马可看来,口才是一回事,智慧是另一回事。据说,有一句柏拉图的名言经常挂在马可嘴边:哲学家是国王,或者哲学家是国王的国度,必定繁荣昌盛。

在哈德良死后不久,诡辩家和斯多葛学派之间就开始争夺年轻的马可。当时安东尼让卡尔西顿的哲学家阿珀洛尼厄斯回到罗马。据《罗马皇帝传》记载，安东尼指示阿珀洛尼厄斯住进提比略宫，以便成为马可的全职私人导师。然而，阿珀洛尼厄斯给了一句简短的回复："老师不应该来找学生，而学生应该来找老师。"[14] 安东尼一开始对此并不在意，他打趣说，阿珀洛尼厄斯从希腊到罗马，显然比他起身从家里走到宫殿容易得多。他可能认为，一个导师坚持让皇帝的儿子像其他人一样来他家上课，这只是一种傲慢。青年时代的马可主要参加几个哲学家的讲座，阿珀洛尼厄斯是其中之一，最后安东尼最终让步了，允许他的儿子和宫殿外的其他学生一起上课。正如我们所知，几十年后，在马可生命的尽头，他仍然像普通公民一样参加哲学家的公开讲座，每次出席都会引起全场轰动。

马可对阿珀洛尼厄斯作为斯多葛学派学说教师的技巧和流畅性印象深刻。不过，最钦佩的还是他的性格。诡辩家们对智慧和美德夸夸其谈，但不过只是说说而已。相反，阿珀洛尼厄斯对自己的智慧不屑一顾，学生与他辩论一篇哲学著作时，他从来没有感到过丝毫沮丧。他向马可展示了斯多葛学派践行"与自然一致的生活"的真正意义——也就是说，如何持续地依靠理性作为我们的生活向导。阿珀洛尼厄斯不仅仅是导师，即使在面对身体剧痛、久病缠身和丧子之痛时，他都以身作则，表现出斯多葛主义者的真正的坚定和平和。马可还在他身上看到了另外一种榜样的力量，斯多葛学派以极大的活力和决心参与行动，同时保持放松，对结果没有丝毫的不安（他们称这是通过"保留条款"采取行动，我们将在后面详述）。马可补充说，阿珀洛尼厄斯会坦然接受朋友们的恩惠，这样做既不会贬低自己，也不会忘恩负义。[15] 换句话说，这个人是未来皇帝的灵感来源，也是斯多葛学派致力于塑造的那种人。

阿珀洛尼厄斯教马可斯多葛哲学的教义，并向他展示如何在日常生活中践行它们。马可知道，斯多葛学派认为对智慧的真诚热爱和更强的情绪弹性之间存在着一种关系。他们的哲学本身包含了一种道德和心理疗法（治疗疗法），用来治疗愤怒、恐惧、悲伤和被不健康欲望困扰的心灵。他们称这种治疗的目标是非善非恶的，让人从有害的欲望和情感（冲动）中解脱出来，但不是变得冷漠。因此，阿珀洛尼厄斯教导马可斯多葛主义哲学，也意味着他教导马可通过一种古老的心理治疗来增强心理弹性，进行自我完善，有时这被称为斯多葛主义的"冲动疗法"。这种练习的一个重要意义是，阿珀洛尼厄斯向马可展示了斯多葛学派如何通过从容不迫的语言来保持平静，这是该学派一种特殊的治疗方式。

在我们转向斯多葛主义的语言使用方法之前，首先要更多地了解一下斯多葛主义的情绪理论。我们可以从一位不知名的斯多葛学派老师的故事开始导入到这个主题。这个故事来自《阿提卡之夜》，这是一本与马可同时代的奥卢斯·格利乌斯写的故事书。格利乌斯当时正从科孚岛的卡西亚帕镇穿过爱奥尼亚海，前往意大利南部的布伦迪西乌姆，这在前往罗马的途中。他提到了一位同行的旅客，这是一位备受尊敬的斯多葛学派老师，过去他一直在雅典讲课。究竟这位老师是谁，我们现在不能确定。不过按照推论，格利乌斯可能写的是卡尔西顿的阿珀洛尼厄斯。

他们的船在一片开阔的水域遭遇了猛烈的暴风雨，几乎持续了一整个晚上。乘客们担心自己的生命安全，挣扎着操纵水泵，防止在沉船中溺水。格利乌斯注意到这位伟大的斯多葛学派老师的脸色像床单一样白，和其他乘客一样恐惧。然而，只有这位哲学家保持沉默，而不是因恐惧而哭泣，哀叹自己的处境。当他们接近目的地时，天空放晴了，大海恢复了平静，格利乌斯温和地问那位斯多葛学派老师，为什么在暴风雨中，他看起来和其他人一样害怕。哲学家可以看出格利乌斯确实是真诚请教，于是谦虚地回答说，斯多葛主义的创始人教导人们如何自然地面对这种危险，如何经历一个必经的、暂时性的恐惧。然后他把手伸进背包，拿出爱比克泰德的《论说集》第五本给格利乌斯阅读。如今《论说集》只有前四本存世，但马可似乎读过爱比克泰德失传的著作，并在《沉思录》中多次引用。无论如何，格利乌斯写下了爱比克泰德的话，他坚信这些话忠实芝诺和克利西波斯的原始教义。

据说，爱比克泰德告诉他的学生，斯多葛的创始人将我们对任何事件（包括威胁的情况）的反应划分为两个阶段。首先是最初的想象（幻想），当我们遇到诸如海上风暴这样的事件时，它会从外部不由自主地强加到我们的头脑中。爱比克泰德说，这些印象可以由可怕的声音触发，比如雷声、建筑物倒塌或惊恐的尖叫声。即使是一个完美的斯多葛学派圣人，最初也会被这种突然的冲击所震慑，他会本能地惊恐退缩。这种反应不是来自对所面临危险的错误判断，而是来自体内暂时跳过理性而产生的情绪反射。爱比克泰德补充说，这种情绪反应与动物的反应相当。例如，塞涅卡指出，当动物被吓到时会逃跑，但之后，它们的紧张感会很快减轻，又重新回到平静的状态。[16]相反，人类的思维能力逾越了自然的界限，我们的忧虑是永存的。理性是我们所受最大的祝福，也是最大的诅咒。

斯多葛学派说，在反应的第二阶段，我们在这些自发产生的印象中加入了"赞同"的判断。在这里，斯多葛学派智者的反应不同于大多数人。他不赞同对侵入他思想的事物所产生的第一印象。爱比克泰德说，斯多葛学派既不该赞同也不该相信这些涌现出的情绪化的印象，比如面对危险时的焦虑。相反，他认为这些情绪反应是误导，拒绝接受、忽略并摈弃它们。相反，不明智的人会被他们对外在事件的最初印象牵着鼻子走——包括那些可怕的、令人恐惧的事件——并持续担心、忧虑,甚至大声抱怨他们所感知到的威胁。塞涅卡在《愤怒》[17]中对斯多葛学派的情感模型进行了更详细的描述,它将经历冲动的过程分为三种"行为"或阶段。

第一阶段:第一印象会自动地强加在你的脑海里,包括想法和感受,斯多葛学派称之为"原始冲动"。例如,"船正在下沉"的印象自然会引起一些最初的恐慌。

第二阶段:大多数人,如船上的人,认同最初的印象,随之涌现更多的是非判断,沉溺于灾难性的思考:"我可能会惨死!"他们会为此担忧,并在很久之后仍深陷其中。相比之下,斯多葛学派,就像故事中那位不知名的斯多葛学者一样,已经学会了从最初的想法和感受中退一步,拒绝接受它们。他们也许会对自己说:"这只是一种印象,并不是所表现出的一切。"或者,"让我们不安的不是这些现象,而是我们对它们的判断。"船在下沉,但也许你可以设法上岸;就算你无能为力,那惊慌也没有用。冷静和有勇气地应对才最重要。如果面对同样的情况,你也会称赞别人的反应。

第三阶段:另一方面,如果你认同某件事本质上是糟糕的或灾难性的,那么一种全面的"冲动"就会爆发并迅速失控。在一场暴风雨中,塞涅卡就经历过这些。当时他晕船了,惊慌失措,于是愚蠢地从船上爬下来,试图游过海面,踩着岩石涉水上岸。其实,他留在船上要安全得多。[18]

换句话说，一定程度的焦虑是自然的。即使是最有经验的水手，当船要被海浪掀翻的时候，他们也会提心吊胆。勇敢在于不顾一切地坚持下去，理性地应对局势。同样地，斯多葛学派的智者会告诉自己，虽然情况可能看起来很可怕，但生活中真正重要的问题是选择如何回应。智者会提醒自己要用斯多葛学派的冷静来看待这场风暴，接受最初的紧张是无害且不可避免的，要以智慧和勇气来回应。然而，他不会因为持续担忧而让事情变得更糟。

正因如此，一旦脸色不再苍白，表情和缓下来，智者的焦虑就会自然消退，很快恢复镇静。他重新评估了最初的焦虑情绪，断定它们不真实且无益。另一方面，不明智和惶恐的人会使痛苦持续更长时间。格利乌斯在爱比克泰德失传的几部《论说集》中读到了相关内容，了解到在危险情况下，有人会因恐慌而脸色苍白，这并不代表就是非斯多葛主义的，就像他刚刚经历的危险一般。这样的感觉是自然的、不可避免的。我们要做的是，不要因为恐惧而加重痛苦，并告诉自己可怕的灾难即将发生。

塞涅卡同样指出，智者会遭受不幸的打击，但并不会被摧毁，例如身体上的痛苦、疾病、失去朋友或孩子，或战败所造成的灾难。[19]这些会伤到他们，但不会使其体无完肤。塞涅卡还指出，忍受我们不感觉痛苦的事不算美德。这一点很值得注意：一个斯多葛学派学者要表现出节制的美德，则至少必须放弃一些欲望；要表现出勇气，则至少忍受本能的恐惧感觉。正如斯多葛学派喜欢说的那样，智者并不是钢筋铁骨，而是血肉之躯。

在《沉思录》中，马可写道，尽管他想要远离糟糕的感受，但他并不因其感到愤怒，因为它们遵循"古老的传统"；换句话说，它们的产生方式与动物的本能一样。[20]这意味着，就像格利乌斯在风雨飘摇的船上遇到的不知名的斯多葛学派老师一样，马可无视这种第一印象，而不是认为它们本身是不好的。在其他地方他也曾说过，身体里的愉快和不愉快的感觉，不可避免地会冲击大脑，因为它们是机体的一部分。[21]"我们不该抵制而是应该接受它们的自然发生，只要我们能够阻止大脑判断正在经历的事情是好是坏。"这一点很重要，因为那些混淆了"斯多葛主义"和"禁欲主义"（例如，坚定不移）的人通常认为这是为了压抑像焦虑这样的情绪，他们认为焦虑是坏的、有害或可耻的。这不仅是糟糕的心理学，也与斯多葛哲学相冲突。斯多葛哲学教导我们接受被动的情绪反应并忽略它，比如突如其来的恐慌，它们既不好也不坏。换句话说，重要的不是我们的感受，而是我们如何回应这些感受。

据说马可很小的年龄就接触到了哲学，但人们认为，直到马可二十岁出头，朱尼厄斯·拉斯蒂克斯才取代弗朗特成为他的主要导师，让他开始全心地投入到斯多葛主义中。回顾这一切，马可心存感激。当他第一次开始涉足哲学时，他没有完全陷入像弗朗特那样的诡辩家的束缚，或者痴迷于书籍，研究逻辑谜题，或探索物理学和宇宙学。相反，他关注的是斯多葛学派的伦理及其在日常生活中的应用。弗朗特建议马可穿着、讲话要符合皇帝的身份，而拉斯蒂克斯则相反。他鼓励马可抛开帝王的虚荣，尽可能简单着装，而不是穿着凯撒（皇帝）的服装四处炫耀。对他这样地位的罗马人来说，这堪称特立独行。不过，大英博物馆的马可·奥勒留的雕像似乎证实了确有此事。他穿着朴素，就像寻常百姓，毫无皇帝的华贵，这显然是他晚年造访埃及时的形象。

拉斯蒂克斯还说服马可，他最初不应该被对正式修辞的热情所误导，也不应浪费时间写理论文章，或仅仅通过扮演圣贤的角色来赢得赞誉。马可的确曾说，拉斯蒂克斯说服他放弃演讲、诗歌和优美的语言，并采用斯多葛主义更通俗的、不做作的说话方式。换句话说，马可经历了一种从修辞到哲学的转变，这似乎是他生命中的一个关键事件。那么，为什么会有如此转变？修饰学是创造外表的，然而哲学是把握现实的。因此，马可转变为一个成熟的斯多葛学派势必改变他的基本价值观。事实证明，斯多葛学派的"坦诚说话"并非易事，它需要勇气、自律和对哲学真理的虔诚信奉。正如我们将看到的，这种取向和世界观的变化，不仅与一种更像斯多葛学派的说话方式相辅相成,而且与一种全新的思维方式密切相关。

如何明智地说话

我们已经看到,在马可的成长时期,修辞学非常流行,特别是在哈德良的宫廷中。因此,他接受了许多导师的演讲写作和演讲术的培训,其中包括当时最负盛名的希腊和拉丁修辞学家阿提库斯和弗朗特。然而,从青年时代起,马可就以耿直和诚实而闻名。与哈德良喜欢炫耀他的学识形成鲜明对比,马可告诉自己,真正的哲学既简单又谦逊,从这一点来说,永远不应掺杂虚荣或炫耀。他说,永远要走最短的路。[22] 自然的路便是捷径,它通向最明智的言语和行为。简单使我们远离矫揉造作,以及随之而来的麻烦。对于斯多葛学派来说,这种诚实和简单的语言主要需要两方面:简洁和客观。如果说这只是意味着停止抱怨,那就过于简单化了,但在很多情况下斯多葛学派确实按照这个思路提出了建议。当我们的语言唤起强烈的情感时,一定是在开始表达某些涉及强烈是非判断的事情,无论是对他人还是对自己。根据斯多葛学派哲学,当我们给外在事件赋予"好"或"坏"等基本价值,行为就是非理性甚至是自欺欺人的。例如,当我们称某件事为"灾难"时,我们就会越过赤裸裸的事实,开始扭曲真相并欺骗自己。此外,斯多葛学派认为撒谎是一种不敬——当人撒谎时,他就会疏远自然。[23]

那么,斯多葛学派建议我们如何使用语言呢?芝诺写了一本《修辞学手册》,他认为口才雄辩本身不是目的,而是根据听众所需,用清晰且简洁明了的语言来分享智慧的一种手段。根据第欧根尼·拉尔修的说法,斯多葛学派的修辞学家定义了讲话的五种"美德":

1. 语法正确,用词得当。
2. 表达清晰,通俗易懂。
3. 言简意赅。
4. 风格得体,契合主题与观众所需。
5. 独特,艺术性卓越,避免粗俗。

除了简洁这一特点,传统修辞也共有以上价值观。然而,斯多葛学派对语言的使用,通常被认为与传统的修辞形式完全不一致。

正如我们所见,诡辩家们试图通过诉诸他们的情绪来说服别人,通常是为了赢得赞扬。相比之下,斯多葛学派最重视通过诉诸理性来掌握和传达真理。这意味着要避免使用情绪化的修辞或强烈的价值判断。我们通常认为修辞学是用来操控他人的。不仅是当我们讲话的时候，还在用语言思考的时候。我们往往会忘记自己也被修辞左右。当然，斯多葛学派对语言如何影响他人很感兴趣。然而，他们的首要任务是通过对语言的选择，来改变我们影响自己、影响思想和感受的方式。我们抱怨，说话笼统，省略信息，使用强硬的语言和丰富多彩的隐喻："她一直都是个婊子！""那个混蛋毁了我！""这份工作简直是狗屎！"人们认为，像这样的感叹是愤怒等强烈情绪的自然结果。但如果它们也会刺激或延续我们的情绪呢？如果细想，这样的修辞就是为了唤起强烈的感情。相对而言，通过更客观地描述同一件事，来消除情感修辞的影响，就形成了古代斯多葛主义冲动疗法的基础。

将斯多葛学派哲学和诡辩学派修辞之间对比，这种解读方式的确会将斯多葛主义视为一种反修辞或反夸大。演说家一贯试图利用听众的情绪，而斯多葛学派则有意识地用简单明了的语言来描述事件。他们摒弃误导性的语言和是非判断，剥离修饰性或情绪化的语言，尽量更冷静、严肃地表达事实。马可也同样告诫自己要直言不讳，不用花哨的语言修饰想法。他说，事实上，通过这种理性的方式审视事情，剖析事件本质特征，没有什么比这更有益于伟大的思想了。[24] 据《论说集》记载，一个哲学家——大概不是斯多葛学派，曾因朋友质疑他的性格而感到非常沮丧，他尖叫道："我无法忍受，你杀了我——你会把我变成他！"[25] 他指的是爱比克泰德。这是一种突如其来的夸张表演：一连串的情绪化修辞。但具有讽刺意味的是，如果他像爱比克泰德，他会坚持事实而不是激动，他应该说："你批评我，就这样吧。"事实上，没有人杀死这个人，他也可以接受这种批评。

我们谈论和思考事件的方式涵盖了对其进行是非判断，这也决定了我们的感受。莎士比亚的《哈姆雷特》中呼喊道："万事本无好与坏，但是思想区分了它们。"斯多葛学派也赞同外物没有好坏之分。只有我们的内在才有真正的"好"或"坏"，因此好和美德，坏和恶行成为同义词。故而，智慧在于客观地看待无关紧要的外在事物。有时，斯多葛学派将其表述为：在我们做出是非判断之前，要保持对事物的最初印象。爱比克泰德举出了很多例子，比如当某人的船在海上失踪时，我们应该只说"船失踪了"，而不是附加是非判断，或者抱怨"为什么是我？""好可怕！"[26] 当有人匆匆忙忙洗澡，我们不应该感到厌恶，甚至不要暗示他肯定洗得不干净，只能说他洗得很快。当有人喝了很多酒时，我们不应该说他做了错事，只能说他喝了很多酒。[27] 例如，马可遵循爱比克泰德的指导，他告诉自己，假如有人以就事论事的态度冒犯了他，千万不要徒然进行可能伤害他的是非判断。[28] 如果你坚持事实，不去做无谓的推测，你将会了却生活中的许多焦虑。

芝诺创造了斯多葛学派的术语 phantasia kataleptike，特指这种斯多葛学派的客观看待事件的方式，将是非判断与事实分开。皮埃尔·阿多将它翻译为"客观判断",这就是我们要用到的术语。[29]然而,究其字面印象,意味着牢牢地把握现实,以防我们被自身的冲动席卷。它把我们的思想固定在现实之中。芝诺甚至以握紧拳头的姿势来象征这一概念——今天当我们谈论一个人实事求是,仍然用"牢牢把握现实"来形容。爱比克泰德解释说,斯多葛学派可能会说有人"被送进监狱",但他们不应该继续说这太可怕了,或者抱怨宙斯对那人的惩罚不公正。[30]作为一个有抱负的斯多葛学派,你应该特意练习更客观、不带情感色彩地描述事件。爱比克泰德告诉他的学生,如果能避免被虚假和令人不安的印象所侵扰,便会在最初感知到的客观表象中始终保持理智。[31]

通常,坚持事实本身就可以减轻你的焦虑。认知治疗师使用新词"灾难化",或沉湎于杞人忧天,来向患者解释我们是如何将自己的价值观投射到外在事件上。他们把名词"灾难"变成动词"灾难化",以帮助患者理解看待事物有不同的角度。灾难化也是夸张修辞或言过其实的一种形式。像失业这样的事件本身并不是灾难性的,我们不只是被动感知到它有多糟糕。我们自发地小题大做,甚至通过对它强加一种是非判断,使之变得完全不合情理,最终成了一场灾难。

在认知疗法中,我们学会了对失败的是非判断承担更大的责任。现代认知治疗师建议患者用更实事求是的语言来描述事件,就像之前的斯多葛学派一样。他们帮助患者缓解其对某种情况的焦虑,并称之为"去灾难化"。例如,认知疗法的创始人亚伦·贝克建议焦虑症患者写所谓的"去灾难化文稿",真实客观地描述痛苦的事件,不要使用强烈的价值判断或情绪化语言,如"我失业了,现在我正在找新工作",而不是"我失业了,我不知所措——真是不幸!"。想想看,当陷入悲伤时,你是不是会倾向于夸张或使用生动、情绪化的语言向自己和其他人描述事情?"去灾难化"意味着重新评估不良事情发生的概率和严重性,并以更加实事求是的术语来构建它。贝克问他的患者:"这真的会像你想的那么糟糕吗?"灾难化思维往往会思考:"万一呢?"如果最坏的情况发生了呢?那将是无法忍受的。另一方面,"去灾难化"的过程则会被描述为从"如果……会怎样?"到"那又会怎样?"。如果这些那些都发生了呢?这不是世界末日,我能应付自如。

另一种常见的"去灾难化"方法是让认知治疗师反复询问患者:"然后呢?"恐惧事件的心理画面往往会迅速升级到最糟糕、最令人焦虑的部分,然后就会一直停留在那里,好像这种令人不安的经历是永无休止的。然而,在现实中,一切都有过去、现在和将来的阶段。一切都随着时间而改变,有来有去。将感知跳过最糟糕的部分,运用想象,以一种现实的、非灾难性的思维方式,预想随后的几个小时、几天、几周或几个月里最有可能发生的事情,这样都可以缓解焦虑。我们将在后面的章节中看到,马可最喜欢的策略之一便是提醒自己万物转瞬即逝。其中一种方法是问问自己:"实事求是地讲,接下来最有可能发生什么?"然后呢?再然后呢?等等。

贝克最初的焦虑认知疗法方法,来源于理查德·拉扎勒斯提出的"交互作用"的压力模型。[32] 想象一个跷跷板,一端是你对一个情况的严重程度的评估——它是多么的威胁或危险;另一端是你的评价,自己的应对能力,如果愿意的话,再加上自信。如果你认为威胁超过了应对能力,跷跷板便会倒向危险一端,让你感到十分紧张或焦虑。反之,如果你认为威胁的严重程度很低,而应对能力也较强,那么跷跷板就会向你倾斜,你应该感到冷静和自信。就像现代治疗师一样,斯多葛学派试图改变这个平衡的两端。

因此,通常情况下,当你对一个可怕的情况有了更现实的描述,就会考虑应对和解决的方法。有时,这涉及创造性地解决问题——头脑风暴、替代解决方案和权衡后果。斯多葛学派喜欢问自己:"自然给予我的哪种美德,能帮助我更好地应对这种情况?"你也可以考虑其他人如何应对,以便尝试模仿他们的态度和行为。如果面对同样的情况,苏格拉底、第欧根尼或芝诺这样的榜样会怎么做?我们还可以问:"马可会做什么?"在现代疗法中,患者可以模仿他人的行为,并制定"应对计划"。就是说如果其恐惧的情况真的发生了,他们将如何应对。仔细考虑另一个人会怎么做,或者他们会建议怎么做，这样可以帮助你制定更好的应对计划。这通常会使你将事件去灾难化，并降低对其严重程度的评估。这意味着从认为事件是"完全无法忍受的"转变为想象可以忍受和应对。你的应对计划制定得越清晰，越有信心把它付诸实践，就越不会感到焦虑。

当朋友们在情绪的泥潭里挣扎时，斯多葛学派信徒有时会给他们写安慰信，帮助他们以一种不那么糟糕、更有建设性的方式来看待。有六封塞涅卡的安慰信流传下来。例如，他写信给一个叫马西娅的女人，她刚刚丧子。塞涅卡斯安慰她说，死亡是对生命中所有痛苦的一种解脱，这是我们的痛苦无法超越的壁垒，它使我们回到出生前那样宁静的状态。此外，爱比克泰德告诉他的学生，他特别推崇的斯多葛学派信徒之一，帕格尼斯·阿格里皮纳斯，每当遇到困难时，也会写类似的信来安慰自己。[33] 当面对发烧、诽谤或流放时，他会创作斯多葛学派的"颂词"，赞扬这些事件是锻炼人格的机会。阿格里皮纳斯是一个真正的"去灾难化"大师。他将每一个困难重构为一个运用智慧和性格的力量来应对的机会。爱比克泰德说，有一天，当阿格里皮纳斯准备和他的朋友们一起用餐时，一位信使来了，并宣布尼禄皇帝把他驱逐出罗马，作为政治肃清的一部分。"很好，"阿格里皮努斯耸耸肩说，"看来，我们这顿饭要在艾利西亚吃了。"那是他流放之路的第一站。[34]

你现在就可以用简单的语言描述令人不安或疑惑的事件，开始在斯多葛学派的客观判断实践中训练自己。尽可能准确地描述事物，并从更哲学的角度看待它们，刻意保持冷淡的态度。一旦你掌握了这门艺术，你就可以更进一步，以帕格尼斯·阿格里皮纳斯为榜样继续向前，寻找积极的机会。写下如何培养人格的力量，如何明智地面对情况。问问自己，你崇拜的人会怎样应对相同的情况，或者他会建议你做什么。将这些困难看作健身房的拳击对手，它们会给你一个机会来强化情绪弹性和应对能力。也许你想要大声朗读写下的内容，再回看几次，或者写几个不同版本，直到你认为自己改变了对事件的看法。

马可习惯将这种看待事件的方式称为分离是非判断与客观事件。同样的，几十年来，认知治疗师一直告诉患者，爱比克泰德有一句名言："让我们沮丧的不是事件本身，而是我们对事物的判断。"这成为患者认知治疗方法的基础。这种方法在CBT治疗法中被称为"认知距离"，因为它需要感知我们的思想和外在现实之间的间隔或者距离。贝克将其定义为"元认知"过程，意味着向"思考的思考"意识水平的转变。

"距离"指的是将自己的思想（或信仰）看作是现实的构成物，而非现实本身。[35]

他建议用有色眼镜打比方来向患者解释。我们可以通过乐观的粉色眼镜或悲伤的蓝色眼镜来看待这个世界，并假设所看到的就是事情的本来面目。但我们也可以看看镜片，才能意识到是其颜色影响了我们的视觉。只有先注意到思想和信念是如何影响我们对世界的感知的，才能在认知治疗中改变它们。临床医生和研究人员发现，在许多情况下，严格的认知距离训练本身就足以改善治疗效果，所以要更加重视将这种认知技能作为认知行为疗法正念和接纳方法的一个组成部分。

有时，只要记住爱比克泰德的名言，"让我们烦恼的不是事情本身"，就可以让我们与思想保持认知距离，将思想视作假想，而不是万物的本质。在现代认知行为疗法中，还有许多其他有关保持认知距离的技巧，例如：

- 简明扼要地写出你当下的念头，并阅读它
- 把它写在白板上并从远处逐字察看
- 在它前面加一句"现在，我注意到我在想……"
- 用第三人称描述他们，比如"唐纳德在想……"，就好像你在研究别人的思想和信仰一样
- 以客观的方式评价某种意见的利弊
- 用计算器算算某些想法的频率，这种好奇心应该是客观的

- 改变视角,想象用不同的方式来看待同一情况,这样你对事物的最初观点就不会固定、僵化。例如,"如果我是马可,会如何看待自己出车祸?""如果这种事发生在我女儿身上,我会建议她如何应对?""十年或二十年以后,当我回首往事,我会怎么看待这个问题呢?"

在古代斯多葛学派的文献中,我们发现了一些保持认知距离的方法。例如,你可以与想法和感受对话,比如,"你只是一种感觉,而不是你所代表的东西",爱比克泰德就曾在《手册》里建议他的学生这样做。

实际上,《手册》开篇就记载了一种方法,即提醒自己有些事情"由我们决定",或者直接处于我们的掌控之下,但其他事情不受控制。现代斯多葛学派有时称之为"控制二分法"或"斯多葛二分法"。回想起这个方法,就可以帮助你对外在事物保持中立。这样想吧,当你强烈地认为某件事是好或是坏,便是承认想要得到或避免它;但如果某件事不受你的控制,那么要求得到或避免它就是不合理的。又必须做某事,又知道此事超出能力范围,这是矛盾的。斯多葛学派认为,这种混乱是大多数情感痛苦的根源,指出只有自愿选择的行为、个人的意图和判断是我们可以直接控制的。当然,我可以开门,但这是我的行为的结果。只有自愿的行为才真正处于我们的掌控之下。当我们判断事物是好是坏时，似乎忘记了我们能控制什么，并试图不自量力地使责任范围扩大。斯多葛学派只评价自己的行为是好是坏，善良或邪恶，将所有外在事物视作无关紧要的。因为在这层意义上，它们并不完全"取决于我们"。

当然，正如我们所看到的，斯多葛学派认为热爱健康胜过疾病、喜欢财富胜过贫穷等都是合理的。但他们认为，在外在事物上投入个人看法是自欺欺人。他们还训练自己通过理解仁者见仁、智者见智来保持认知距离：我们的观点只是众多观点之一。例如，大多数人害怕死亡，但是，正如爱比克泰德所指出的，苏格拉底并不害怕死亡。虽然他可能更想活着，但只要以智慧和美德来迎接死亡，对死亡就会漠然视之。这曾经被称为理想的"善终"，也是"安乐死"一词的来源。然而，对苏格拉底和斯多葛学派来说，善终与其说意味着愉快或和平地死亡，不如说是面对死亡的智慧和美德。不是每个人都认为某件事是糟糕的，知道这点让我们意识到，事情的"可怕"源于思维方式、是非判断和应对方式，而不是事件本身。糟糕并不是一种客观存在的特性。正如亚里士多德所说，在希腊和波斯都有火焰燃烧，但是人们对火的看法不同。因此，马可将人们的看法比作照射在物体上的太阳光，如同贝克用有色眼镜观察世界。马可说，若能意识到是非判断只是一种投射，便能将其与外在事件分离开来。他将这种认知过程称为心灵的"净化"。

在这一章中,我们看到了马可在原生家庭学到的价值观,如简单明了地讲话,如何与"第二代智术师"背道而驰,以及与哈德良宫廷的修辞学家发生冲突。这些因素使得他接受了斯多葛学派将语言作为一种反修辞的全新用法,使用更客观的语言描述事件,不受是非判断的影响——这是现代认知疗法中,去灾难法的古老先驱。

接受这种描述情况的方法,无论它是什么,都是学习其他斯多葛主义实践的基础步骤。这就引出了下一步:思考你拥有哪些资源或美德来让你应付自如,或者智者会如何更好地处理同样的情况。无论称其为"认知距离"还是"净化说",我们能由此不再对事物过度依赖,将强烈的是非判断从外在事件中抽离出来。起初,也许你会觉得这是一个不好理解的概念,但爱比克泰德的名言将引导你:"让我们烦恼的不是事情本身,而是我们对其的判断。"

我们已经看到,马可对宫廷生活和修辞学的不认同,逐渐使他更深入地拥抱哲学。他的私人导师朱尼厄斯·拉斯蒂克斯说服马可,让他更彻底地转向斯多葛学派的哲学,并全心全意地将它融入生活。

第三章

行成于思
如何追寻你的美德

斯多葛学派的人生根本目标,是始终如一地遵循理性和美德行事。明确我们的价值观,并努力与其保持一致,可以帮助我们在生活中找到方向感和意义,从而获得更大的满足感和成就感。

马可·奥勒留年轻时经常发脾气，他总是努力控制自己。在后来的人生中，他会感谢神明没有让自己做出可能会后悔的事情。他曾目睹哈良德皇帝的暴行造成的伤害。有一次哈德良大发雷霆，大概是为了杀鸡儆猴，他用铁笔尖挖出了一个可怜奴隶的眼睛，这件事使他臭名昭著。哈德良恢复理智之后，带着歉意问这个奴隶，是否能做些什么来弥补他。"我想要的只是我的眼睛。"对方回答。[1]

与哈德良完全相反，他的继任者安东尼以性格温和冷静而著称。在《沉思录》首卷中，马可数次对他养父的美德做出思考，甚至称自己是皇帝安东尼的门徒，但没有提及哈德良所拥有的任何美德。马可明确地把安东尼视为理想统治者的典范，并有意效仿安东尼。在安东尼去世后十多年间，马可仍然在审慎思考他的举止，将其作为榜样。

斯多葛学派教会了马可，愤怒只不过是一种疯狂的诱惑，其后果往往无法弥补，比如那个奴隶失去的眼睛。斯多葛学派也教会了他心理概念和一套思考方法，用来控制易怒的性格。马可显然想要成为更谦卑平和的安东尼,而不是傲慢易怒的哈德良。不过,要想实现这一理想,他需要别人的帮助。具有讽刺意味的是,他确信那个最常惹怒他的人,可以教他如何控制愤怒。马可的斯多葛学派导师朱尼厄斯·拉斯蒂克斯时常激怒他,但也教他如何恢复到正常的思维状态。正如我们所知,斯多葛学派有许多具体的愤怒管理技巧。其中之一就是等到情绪自然减弱,然后平静地想想明智的人在类似情况下会怎么做。马可还从拉斯蒂克斯那里学会了在别人愿意弥补时,及时与他们和解。也许拉斯蒂克斯发现马可生气时就是这样做的,他谦和豁达的行为给马可树立了学习和效仿的榜样。

相比之下,阿珀洛尼厄斯是一名专业的哲学讲师,拉斯蒂克斯也是斯多葛学派的专家,但后者更像是导师或私人教师。拉斯蒂克斯是一名具有重要地位的罗马政治家,比马可年长约二十岁。他似乎是著名的斯多葛学派人阿鲁勒努斯·拉斯蒂克斯的孙子,也是特拉塞亚的朋友和追随者。特拉塞亚是斯多葛学派反对派领袖,也是爱比克泰德和他的学生们眼中的政治英雄。拉斯蒂克斯在个人和社会生活中都是一个备受尊敬的人。他对马可忠心耿耿。弗朗特在他的私人信件中夸张地说,为了保护马可的一根小手指,拉斯蒂克斯甚至"愿意屈服并牺牲自己的生命"。马可显然非常尊崇拉斯蒂克斯,很快就把自己视为斯多葛学派的信徒,在随后的几十年里，甚至在他登上皇位之后，也都一直追随拉斯蒂克斯。例如，按照皇室的惯例，皇帝要用一个吻优先问候执政长官，但马可打破了这个惯例，朝会时总是先吻拉斯蒂克斯，就好像在问候自己的兄长。他的这一举动向世人表明，这位哲学家在宫廷的地位举足轻重。如果安东尼是马可作为皇帝的榜样，那么拉斯蒂克斯无疑是他作为斯多葛学派信徒所追随的主要榜样。正如马可曾说，哲学是他的母亲，宫廷只是他的继母。[2]

在马可成长为哲学家的过程中，拉斯蒂克斯无疑是至关重要的。马可明确表示，他曾经读过导师私人图书馆中的一整套爱比克泰德的演说笔记，这是他们师徒关系中最重要的事情之一。马可可能指的是阿里安所记录的《论说集》，他在《沉思录》中多次引用。正如我们所知，阿里安是爱比克泰德的学生，总共记录了八卷他的哲学论述，如今只有四卷存世。他还读了一本关于爱比克泰德语录的简短总结，即《手册》或《指南》。阿里安本身是一位多产的作家，也是一位颇有成就的罗马将军和政治家。哈德良皇帝任命他为元老院元老，并且在公元一三一年任命他为总执政官。之后，他担任了六年的卡帕多西亚总督，这是帝国最重要的军事职位之一。在安东尼统治期间，他退休去了雅典，后来在那里担任执政官和首席长官，在马可即位前去世。阿里安可能是连接马可、拉斯蒂克斯和爱比克泰德哲学理论断层的重要一环。

阿里安比拉斯蒂克斯大十岁左右,他们可能相识。事实上,公元四世纪的罗马哲学家忒弥修斯曾将他们相提并论。他说,哈德良、安东尼和马可"把阿里安和拉斯蒂克斯从书本里拉出来,不让他们成为只会舞文弄墨的哲学家。"[3] 据说,皇帝们不允许阿里安和拉斯蒂克斯身居安室去书写勇气,不允许他们脱离社会生活去撰写法律论文,或者在不参政的情况下策划最佳行政方案。反而要求他们从斯多葛学派哲学的研究中走出来,"走到将军的营房和演说台上"。忒弥修斯补充说,作为罗马将军,阿里安和拉斯蒂克斯"穿过里海之门,把阿兰人赶出亚美尼亚,并为伊比利亚人和阿尔巴尼亚人建立了国界"。作为对这些军事成就的奖励,这两人被任命为执政官,负责管理罗马这个大城市,并主持元老院。这些前辈树立的榜样——受斯多葛主义启发的政治家和军事指挥官——鼓励马可相信自己既可以是皇帝,也可以是哲学家。

我们知道,在马可被封为皇帝之后,拉斯蒂克斯第二次被任命为执政官。他自公元一六二年到一六八年担任城市长官,在马可统治初期成为其在罗马的得力干将。在这之后不久,拉斯蒂克斯得病去世了,也许死于瘟疫。为了纪念他,马可要求元老院为他竖立几座雕像。和对待其他导师一样,马可在他的私人神龛里放了一尊拉斯蒂克斯的小雕像,并敬祭缅怀他。这给我们留下了一个奇怪的问题:拉斯蒂克斯到底做了什么,能如此激励未来的皇帝?

答案可能在于他们之间关系的本质。在《沉思录》中，马可告诫自己，当学习阅读和写作时，要先做学生，才能胜任老师，对于生活的艺术更是如此。⁴斯多葛主义的学生受益于老师的智慧，视老师为榜样和导师，效仿他们的行为，听取他们的建议。拉斯蒂克斯当然为马可树立了智慧和美德活生生的榜样。在《沉思录》中，他提到拉斯蒂克斯是三位导师之一（另外两位是卡尔西顿的阿珀洛尼厄斯和喀罗尼亚的塞克斯都），为他树立了斯多葛主义作为一种生活方式的典范。拉斯蒂克斯为他提出建议，提供指导，并进行道德矫正。事实上，马可说，拉斯蒂克斯指出，他需要接受道德学习和斯多葛主义的心理治疗（治疗学）。这可以解释为何他们之间的关系很紧张。马可显然深爱拉斯蒂克斯，把他视为作为朋友和师长，但有时他却很恼火，也许是因为拉斯蒂克斯经常提醒这位年轻的凯撒，留意自己性格中的缺陷。

根据《沉思录》的内容，或许我们可以推断出马可性格中哪些方面受到了导师的质疑。例如，拉斯蒂克斯教导他不要自命不凡，鼓励他尽可能穿得像一个普通公民。他还教马可要成为一个仔细耐心的哲学学生，专心致志地阅读，而不是如蜻蜓点水，同时不要被巧舌如簧的人所左右。爱比克泰德反复告诫他的学生，不应该像诡辩家那样轻率地谈论哲学，而应通过他们的人格和行为来展示成果。他以非常直率的方式告诉他们，羊不是通过吐草来告诉牧羊人它们吃了多少，

而是在体内消化食物，生产出优良的羊毛和羊奶。⁵

然而，拉斯蒂克斯最重要的影响，是说服马可积极投入作为一种生活方式的斯多葛学派哲学，放弃了拉丁语修辞学的正规学习——这是每一个罗马贵族都渴望学习的。哲学家拉斯蒂克斯和修辞学家弗朗特，分别是马可的两位最重要的导师，在长达十年间，他们似乎一直在争夺他的注意力，但最终拉斯蒂克斯赢了。学者们认为这种"转变"可以追溯到公元一四六年左右，当时马可二十五岁。他在给弗朗特的一封信中承认，他一直无法专心学习拉丁语修辞学。

读过哲学家阿里斯通的书后，马可的内心悲喜交加。大多数学者认为这位哲学家是希俄斯岛的阿里斯通，他是芝诺的一个有名的学生。阿里斯通反对芝诺教导的教义，采用了一种更简单、更苦行的，接近犬儒主义的斯多葛主义。也许拉斯蒂克斯或某个其他斯多葛学派导师给马可分享了这些作品。阿里斯通拒绝了逻辑和形而上学的研究，他认为哲学研究的主要关注点应该是伦理学，我们可以在《沉思录》中看到这种态度一再出现。

马可告诉弗朗特，阿里斯通的作品折磨着他，使他意识到自己的性格是多么的缺乏美德。"您的学生一次又一次羞愧脸红，我对自己很生气，因为在我二十五岁时，还没有把这些优秀的教导和更纯洁的原则融入我的灵魂。"⁶年轻的凯撒确实处于焦虑之中。他感到沮丧、愤怒，甚至失去了食欲。

他还提到了对他人的嫉妒，这些也许意味着他急切渴望献身于斯多葛主义，成为像他崇拜的哲学家一样的人。大约就在这个时候，马可开始与像弗朗特和希罗德·阿提库斯这样的诡辩家保持距离。

然而，斯多葛哲学家指导学习的过程是怎样的？为什么它对马可产生了如此深远而持久的影响？斯多葛学派写了几本书，来描述他们对冲动情绪的心理治疗，其中包括第三位校长克利西波斯所著的《治疗学》，这些书后来都失传了。然而，马可的著名内科医生盖伦写的题为《关于灵魂消失的诊断和治愈》的论文幸存了下来。盖伦是一个博学多才的哲学家，最初师从斯多葛学派学者菲洛帕特，他在诊断和治愈不健康的冲动的论述中，借鉴了早期斯多葛学派创始人芝诺的哲学理念。关于马可与拉斯蒂克斯所经历的斯多葛学派"治疗法"的本质，以上可能会提供给我们一些线索。

作为一个年轻人，盖伦想知道为什么德尔菲神庙的箴言"认识你自己"被人们如此重视。难道我们不了解自己吗？不过，他逐渐认识到，我们之中只有最智慧的人才真正了解自己。正如盖伦观察到的，其余的人们往往会陷入认知的陷阱，认为自己完美无瑕，或者认为自己的缺点是极少的、轻微的，也不常显露。事实上，那些认为自己缺陷最少的人，往往是别人眼中缺陷最严重的人。伊索寓言里的一个故事阐明了这个道理：每个人生来就有两个麻袋挂在脖子上，装满了别人缺点的那个挂在眼前，装满了自己的缺点的那个则藏在背后。换句话说，我们能很清楚地看到别人的缺点，却看不见自己的缺点。《新约》问我们，为什么可以看着我们兄弟眼中的小木头碎片，却不注意遮挡我们视线的大木板（马太福音[7]：3-5）。盖伦说，柏拉图解释得很好，因为他说，恋人对所爱的人通常是盲目的。从某种意义上说，我们最爱的是自己，对自己也是最盲目的。因此，大多数人都必须努力获得自我意识，以改进我们的生活。

盖伦解决这个问题的办法是找到一个合适的导师，我们可以真正信任他的智慧和经验。一个歌手唱歌跑调时，任何人都能听得出，但只有专家才会分辨出表演中极细微的纰漏；同样，一个有道德、智慧的人，才能辨别另一个人性格中的细微缺陷。我们都知道，当一个人脸红并开始大喊大叫时，他是真的生气了。可是，只有真正的人性专家却能察觉到，一个人正处于愤怒的边缘，甚至他自己都还没意识到。因此，我们应该努力结交年长而睿智的朋友：一个以真诚和直率著称的朋友，他已经掌控了我们需要求助的冲动情绪，能够正确地识别我们的缺点，坦率地提醒我们在何处误入歧途。盖伦所述听起来有点像现代的咨询师或心理治疗师和他们的患者之间的关系。有种更加显而易见的例子，我们称之为指导或者援助，就是那些已经成功从吸毒或酗酒中恢复的人，给正在与类似嗜好的人做斗争的人提供帮助——正如塞涅卡所说，是一个更有经验的病人对他人的帮助。当然，找到一个合适的导师说起来容易做起来难。

马可写道，任何真正想通过斯多葛主义获得智慧的人，都会把培养自己的性格并求助于有相似价值观的人当成是人生的首要任务[7]。于他而言，拉斯蒂克斯扮演的就是这样的角色。盖伦说，我们应该问问他们，是否注意到我们内心有任何不健康的冲动，并保证如果他们坦率地说出来，我们也不会生气。盖伦还解释说，起初，人们肯定会觉得他导师的某些评论不公正，但他必须学会耐心倾听，虚心接受批评，而不是恼怒。正如马可所说，对他来说这起初也是相当有挑战性的，尽管拉斯蒂克斯很善于处事圆融，面面俱到。

马可还有另一位斯多葛学派的导师，名叫辛纳·卡图鲁斯，我们对他知之甚少。马可发现，辛纳·卡图鲁斯是个很会处理以上问题的人，他会及时关注那些指正他过错的朋友，就算有时是不公正的。他总是设法解决问题，与朋友重归于好。[8]因此，通过拉斯蒂克斯和卡图鲁斯的言传身教，马可懂得了一个有智慧的人应该乐于接受朋友的批评。

斯多葛学派显然从他们的前辈——犬儒学派那里继承了对直白言论的热爱。犬儒学派以直言不讳，甚至批评当权统治者而闻名。从某种意义上说，向当权者者直言规谏，是一个真正的哲学家的责任和特权。关于犬儒学派的第欧根尼有个最著名的传说，讲述了亚历山大大帝是如何找到这位哲学家的。他们之间有着天壤之别：第欧根尼过着乞丐般的生活，而亚历山大是世上最有权势的人。然而，当亚历山大问能为他做些什么时，这位犬儒学大师却请他让开，因为他挡住了太阳。第欧根尼胆敢对亚历山大这样说话，是因为他无视财富和权力，他们之间是平等的。据说，最后亚历山大离开了，回到他征服世界的伟业，显然他没有从中获得太多智慧。

斯多葛学派一直采取温和的行事方式，他们认为讲话不仅应该诚实和简单，而且应该适合听者的需要。如果没有受益于听者，直言不讳就毫无意义。在《沉思录》中，马可多次提及他对直言的重视，他也始终明白恰当沟通的重要性。

例如，他童年时代的语法老师，科蒂艾乌姆的亚历山大，总是以委婉的方式纠正别人的语言错误，这给马可留下了终生的印象。[9] 如果说话者用错了一个词，亚历山大不会公开批评，也从不当场打断或质疑他们。相反，这位语法学家用一种更巧妙和间接的方式，引导他们走向正确的方向。马可注意到，亚历山大在回答或讨论其他话题时，会巧妙地使用恰当的措辞。如果斯多葛学派的真正目标是智慧，那么有时仅仅不假思索地一语破的是不够的，我们必须在有效沟通方面多下功夫。

不言而喻，外交是马可生活中的重要一环。作为凯撒，皇帝的职责涉及参与高度敏感的谈话，比如与外敌进行和平谈判。从他的私人信件中，我们可以清晰地看出，他机智、有魅力，具有解决朋友之间冲突的卓越才能。弗朗特对此津津乐道，称赞他年轻的学生有能力将所有朋友和睦团结在一起，可与俄耳甫斯用里拉琴驯服野兽相提并论。在马可统治期间，他通过耐心谨慎的外交语言，无疑避免了许多严重问题。事实上，他甚至提醒自己，不管是对谁讲话，都要时刻保持委婉和坦诚，尤其在元老院。[10]

除了拥有这种天赋之外，马可还从斯多葛学派学到了智者应如何与他人交流。例如，卡尔西顿的阿珀洛尼厄斯不是一个特别善于言辞的人，但他用开放的思想以及自信的表达吸引了很多人。马可描述了他的另一位挚爱的老师——喀罗尼亚的塞克斯都，给人的印象既严肃又直率，但对没有学识甚至固执己见的人格外耐心。马可说过，纠正别人的恶习就像指出他们有口臭——这需要策略。他发现塞克斯都赢得了所有人的尊重，他讲话有技巧，比恭维更有魅力，即使在直言不讳或者提出异议的时候也是这样。显然，像马可这样的斯多葛主义者，比犬儒学派更重视礼貌和文明。斯多葛学派意识到，明智的沟通需要措辞得当。事实上，根据爱比克泰德的说法，苏格拉底最显著的特点是他在争论中从不生气，总是彬彬有礼，从不正言厉色，即使受到侮辱。面对辱骂，他能忍下来，以冷静和理性的方式化解大多数争吵。[11]

我们可以想象，当拉斯蒂克斯就马可的行为提出质疑时，他的话语虽然有时很直白且会激怒马可，但可能足够有见地，他年轻的学生能够从中受益,而不会感到被羞辱。然而,我们如何才能找到如此明智的导师呢?盖伦承认,你不太可能遇到很多像犬儒学派这样的人,他们甚至敢于对亚历山大大帝直言不讳。首先你要虚怀若谷,从谏如流。根据盖伦的说法,我们应该允许身边的每个人指出我们的缺点是什么,并下决心不对任何人发怒。事实上,马可告诉自己,要深入每个人的思想,研究他们的看法和价值观,同时也要让每个人深入自己的思想。[12]如果有人给他一个合理的理由,让他确信自己的思想或行为方面误入歧途,他会很乐意去改变。马可把探求事情的真相当成是生活的首要任务,并提醒自己这样做才能安然自若,只有那些执迷不悟和冥顽不灵的人才会自作自受。[13]据我们所知,这个忠告可以追溯到芝诺。他说,无论我们是否要求,大多数人都渴望指出旁人的缺点。因此,与其心生恨意,不如欢迎批评,将其视为生活中不可避免的事情之一,把所有人当成老师,让自己从中受益。因此,盖伦说,如果我们想学到智慧,必须准备好倾听他人的意见,对"责备我们的人,而不是奉承我们的人"表示感激。[14]

当然,这并不意味着我们应该盲目听取所有意见。马可明确表示,我们必须训练自己,分辨是非,学会不要被蠢人的意见所困扰。我们应当谨慎倾听生活中遇到的大多数人的意见,但不要视同一律。相反,欢迎批评并冷静地接受它,可以让我们逐渐学会理性地辨别明智的建议和糟糕的建议。

实际上，有时我们从他人的错误中学到最多的东西。正如盖伦所说，对于那些拥有智慧和美德的人，我们应该更加信任他们。如果我们谨慎行事，可以向所有人学习，但同时也要寻找像拉斯蒂克斯这样的朋友，可以完全信赖他的智慧。

为了建立这种关系，学生必须对导师诚实，一丝不苟。马可曾写道，他想象有一位充满智慧的老师会告诉某人，不要去想不愿公之于众的、不经约束的事情，哪怕只是在脑海中一闪而过。马可怀疑大多数人是否真的能忍受这一点，哪怕一天时间，因为人们愚蠢地把别人的意见看得更重要。然而，他有志于达到这种透明的境界。他说，如果有人问"你在想什么？"时，我们应该能够如实作答，而不用脸红。马可说，他希望自己的灵魂赤诚而简单，甚至比包裹着它的身体更加一目了然。在其他方面，他达到了更高的境界，就像犬儒学派一样。他说，在生活中，我们不应该需要墙或窗帘来遮挡什么。一方面，这表达了马可追求一种崇高道德理想的愿望：心灵纯洁，光明磊落；另一方面，他也间接提到了一种强大的治疗策略。被审视可以帮助我们提高自我意识，纠正行为，特别是在钦佩的人面前，比如值得信赖的导师。即使没有"拉斯蒂克斯"，但只要想象正在被智慧且仁慈的人所审视，特别是要假定他们会一眼看穿你的想法和感觉，可能会有同样的收获。[15]

盖伦说，如果希望提高自己，就绝不能放松警惕，哪怕一个小时。我们该如何做到呢？他解释说，芝诺教导"我们应该在所有事情上都谨慎行事——就像马上就要回答老师的提问"[16]。这是一个充满智慧的思维技巧，它把斯多葛学派的指导变成一种专注训练。想象我们被审视，有助于更多地关注自己的性格和行为。一个正在学习的斯多葛学派信徒，比如年轻的马可，会被要求关注自己的想法、行为和感受，来锻炼自我意识，就像他的导师拉斯蒂克斯一直在观察他一样。爱比克泰德告诉他的学生，赤脚的人总是小心不要踩到钉子或扭伤脚踝，同样地，他们应该谨慎行事，不要陷入道德判断误区而有损人格。[17]在现代疗法中，在治疗期间取得一些进展的病人，通常会想知道治疗师如何评价他们的思考。例如，他们也许正在为某事担忧，可能会把治疗师的问题当作是一种挑战，比如"什么可以证明你的恐惧是真的？"或者"这样的担忧对你有什么影响吗？"。我的情感和感受正在被人审视，这种想法足以让你停下来思考它们。当然，如果只是偶尔和导师或治疗师谈论你的经历，会更容易假想他们随时在你左右。即使你的生活中没有这样的人，仍然可以想象正在被一个拥有智慧且支持你的朋友关注。例如，如果你读过许多关于马可的文章，当你执行具有挑战性的任务或面临困难时，可以试着想象马可陪伴左右。知道他在身边，你会有怎样不同的表现呢？你认为他会对你的行为如何评价？如果他能读懂你的心思，他会如何评论你的想法和感受？当然，你可以选择自己的导师,但道理是一样的。

我认为,这是马可写《沉思录》的一部分原因。拉斯蒂克斯大约死于公元一七零年左右,第一次马科曼尼战争期间,那时马可正在北部边境指挥作战。一些证据表明,他可能是在同一时间开始写《沉思录》,不禁让人想到他是为了弥补逝去朋友和导师的遗憾。如我们所知,马可说过他被异己者包围,他们甚至希望他死去。听起来,失去像拉斯蒂克斯这样的朋友,马可深感缺憾,因为只有他可以与自己分享哲学信仰和最珍视的价值观。

如果马可在失去斯多葛学派的导师后不久,就开始写这些笔记,他的目的可能是承担自我指导的责任。即使在今天,写诸如治疗日记这样的文章也是一种流行的自助方式。除了马可精心制作的格言,引用著名诗人和哲学家的语录外,《沉思录》中还包含了少量的对话片段。这些可能是演讲笔记中的引文,比如,其中包括拉斯蒂克斯给他阅读的爱比克泰德的《论说集》副本内容;有的也可能是马可虚构的对话,他用想象力创造了一位内心的导师;也许,有些是多年前马可与导师交谈的对话碎片。例如,其中一段如下:

老师:一点点、一个个地做,你必须完善你的生活。只要命运允许,如果每个行为都能实现它的目标,你就应该感到满足。

学生：但是如果有一些外在障碍阻止目标实现呢？

老师：如果一个人努力用智慧、公正、自知来处理问题，就不会有任何障碍。

学生：但是如果我的行为在某些外在方面受到了阻碍呢？

老师：那么，就需要愉快地接受这个障碍，同时巧妙地转为做条件允许的事情。这将使你能够采取另一种行为方针，一种符合我们所说的，顺应整体生活的方式。[18]

盖伦认为，年轻时更应该仿效榜样。在以后的生活中，我们对自己的人格将承担更多的责任，遵循特定的哲学原则并持续践行就显得尤为重要了。随着多年生活经验的积累，我们应该培养更多的自我认知，没有导师的帮助也能发现错误。此外，我们通过练习自律，学会防微杜渐，逐渐学会弱化愤怒等冲动情绪。经常这样做，最终会让我们不再经历这样的冲动。拉斯蒂克斯去世时，马可已经学习了三十多年的哲学。所以当他开始写《沉思录》时，可能已经准备好了进入斯多葛学派心理发展的下一个阶段。

如何遵循价值观行事

"导师"一词来自荷马的《奥德赛》。雅典娜是智慧和美德的女神,她伪装成奥德修斯的朋友,化名叫门托,为他处在危难之中的儿子忒勒马科斯出谋划策。在与奥德修斯的敌人决战中,门托与他们携手并肩,鼓励英雄走向胜利。马可说,即使是有抱负的斯多葛学派,也不该为求助他人而感到羞耻,就像一个围攻堡垒的伤兵,在战友的帮助下登上城墙,也不会为此而羞愧。[19]然而,并不是每个人都有"拉斯蒂克斯"相助翻越城墙。如盖伦所述,如果你能找到一个可以信任的人,那就太幸运了。然而,事实上,大多数人不得不依赖其他的策略,正如马可在拉斯蒂克斯死后所为。他的做法主要分为两类:写作和沉思。

即使你身边没有现实生活中的导师,你仍然可以通过发挥想象力,从这个概念中受益。就像其他古代哲学家一样,马可在他的脑海中想象出各种指导者和道德榜样。他还认为,思考历史上著名哲学家的性格和行为是很重要的。他曾经提到,《以弗所书》(可能是指赫拉克利特的追随者)包含了前几代人不断思考如何展示美德的个人建议。

如前所述,芝诺学习斯多葛主义的故事始于他得到的神秘建议，通过研究先辈的智慧来"拥有死人的颜色"。马可告诉自己，要把注意力集中在智者的思想上，特别是他们的原则，并仔细考虑这些人在生活中规避什么、追求什么。在《沉思录》中，他提到了他最崇拜的哲学家：毕达哥拉斯、赫拉克利特、苏格拉底、犬儒派的第欧根尼、克利西波斯和爱比克泰德。当然，如果你正在研究马可的生活和哲学，甚至可以选择他本人为榜样。[20]

第一步是写下你所尊重的人所表现出的美德。列出他人身上最让你欣赏的品质，就像马可《沉思录》第一卷中所做的那样，这是一个简单而有效的练习。马可在后面的章节中解释，为了鼓舞自己，他思考身边人的美德：第一个人精力旺盛、第二个人谦虚、第三个人慷慨，等等。[21] 他说没有什么比亲近的人在生活中表现出的美德更能鼓舞我们的灵魂，因此，我们应该珍惜这些榜样，记住他们的美德。把它们写下来，往往会使印象更加深刻。斯多葛学派认为这是一种快乐的优质来源。写下他人为什么让你钦佩，仔细思考并修改它们，这种过程给你一个审视的机会。通过练习，你能够更轻松地将写下的人格特征形象化。

例如，在安东尼死后的十多年里，马可仍然提醒自己，在生活的各个方面都要忠诚地追随安东尼。[22] 虽然安东尼本人不是哲学家，但他似乎天生拥有斯多葛学派所推崇的许多美德。在《沉思录》中，马可说，是安东尼向他表明，即使皇帝没有保镖、昂贵的长袍、珍贵的装饰、庄严的雕像和代表身份的其他装饰，也能赢得臣民的尊敬。他教导马可，尽管身为凯撒，但还是能像普通公民一样生活，同时不失身份，也不能忽视责任。以安东尼为例，他始终提醒自己不要"染上皇家的紫色"而变成凯撒。[23] 马可用别人身上的同样的美德来浸润自己的心灵，正如他所说的那样，哲学将他塑造为这样的人。

马可思忖安东尼对理性思考的坚持，他的性格简单虔诚，内心不可动摇，举止沉着稳重。马可甚至认为，父亲就像苏格拉底一样，能够避免软弱的大多数人无法拒绝的东西，适度地享受大多数人容易沉湎的东西。他告诉自己，如果他能效仿这些美德，那么就能像安东尼一样，临终时保持平静，问心无愧地迎接最后时刻。

除了美德之外，斯多葛学派还以想象完美圣人或智者而闻名。马可写过好几段这样的文章。关于圣人的描述不可避免地有些抽象和浮夸。例如，他说完美的智者就像真正的神灵祭司，内心充满理性。他既不被快乐所腐蚀，也不被痛苦所伤害，对侮辱无动于衷。真正的圣人就像一个崇高的战斗中充满正义感的战士，全心全意接受命运赋予他的一切。他很少关心别人的言行，除非涉及公共利益。他自然地关心所有理性的人，视若兄弟姐妹。他不被任何人的观点所左右，但他特别关注那些顺应自然的智者。[24] 马可试图描绘出一个完美的人类,并想象出一个代表斯多葛学派生活目标的理想圣人。

除了询问自己,理想中的智者拥有什么品质之外,还可以扪心自问,我们希望未来拥有什么品质。例如,在学习了十年或二十年斯多葛主义后,你希望成为怎样的人?马可曾写下与拉斯蒂克斯共同学习斯多葛主义时所设立的长期目标。他说,经过洗礼和彻底净化的心灵,外表下没有任何腐坏物,光明磊落,经得住考验。做到这一点的人,不会再做出卑鄙的行为。他补充说,他们既不会依赖他人,也不会疏远他人。[25] 这是斯多葛学派治疗法的目标,也是生活的目标。

通常来说,写下假想的智者所拥有的美德,或我们渴望拥有的美德,是种非常有益的练习。或者,我们也能构想出对两三个特定个体的描述,并将其与典型的美德进行比较,也能让你受益匪浅。他们可以是你认识的人,可以是历史人物,甚至是虚构人物。重要的是反思,并在必要时修正这些信息。过段时间再回顾并改进这些描述。思考你所选择的榜样会如何展现某些美德,如智慧、正义、勇气和节制。一般来说,反复思考并从不同的角度来看待这些想法——无论你选择如何去做——都有助于自我完善。花一些时间练习写下它们,在脑海中想象起来会更容易。要做到这一点,最好的方法是想象一个具有卓越的能力来应对挑战的榜样。斯多葛学派会自问:"苏格拉底或芝诺会怎么做?"马可可能问自己,当生活中面临困难,拉斯蒂克斯和其他老师将如何应对?毫无疑问,他也会自问安东尼会怎么做。心理学家称之为"模仿"他人的行为。在认知疗法中"去灾难化"的讨论中,我们已经简单地提到了它。你可能会想问你自己,例如,"马可会怎么做?"

除了设想榜样来效仿他们的行为,我们还可以效仿他们的态度。斯多葛学派可能会问自己:"苏格拉底或芝诺会对此有何看法?"你可以想象你的个人榜样——甚至是一群斯多葛学派圣人在给你建议。他们将会告诉你该做什么,他们会提供什么建议呢?他们对你目前正在处理的问题有什么看法?在设想榜样时,你可以对自己提出此类问题,并努力想象他们会如何回答。如果有帮助的话,可以想象成一个更长的讨论。如果马可·奥勒留是你的榜样,那么就应该问:"马可会怎么说?"

树立榜样之后,接着是"心理预演"行为改变:想象自己的行为接近你的榜样,或者想象自己听从他们的建议。这需要进行几次尝试,可以将其视为试错学习。想象正在应对挑战,并表现出你想要学习的美德。你可能会发现,设想自己循序渐进地提高,比立即掌控全局更有帮助。这就是人们熟知的"应对意象"胜过"掌握意象"。不要在会走路之前就想跑,不要设定不切实际的目标。应该从预演一些简单的行为改变开始,不积跬步无以至千里。无论如何,很小的变化往往会产生大的收获。

在指导人们日常践行斯多葛主义时,我发现构建一个简单的框架大有裨益。它是一个每天重复的"学习周期",包括开始、中期和结束。早上,为这一天做准备;一整天的行为都要始终与其价值观保持一致;晚上,回顾你的进步,为第二天再次重复做好准备。我把每天开始和结束时的斯多葛学派练习称为晨晚冥想。这样的日常习惯可以让你更轻松地保持练习的连贯性。

这个框架也完全符合我们关于榜样和导师的讨论。在早晨冥想中,思考你必须完成什么任务,克服什么挑战。问问你自己,"我的榜样会怎么做?"试着想象他们要面对同样的情况。在心理上练习你想要展现的美德。一天中保持自我认知,好像被一个充满智慧的导师审视。今天,我们称之为"斯多葛学派的正念",但斯多葛学派的意思是关注你自己。关注自己如何运用身心,特别是在不同情况下做出的是非判断,并留意愤怒、恐惧、悲伤等情绪或不健康的欲望、坏习惯等微妙的感觉。

在睡前冥想中,回顾一下事情实际走向如何,也许你会在脑海中把当天的关键事件回顾两三次。你想象中的导师会怎么说呢?下次他们会给你什么建议呢?这是你从经验中学习,并为第二天早上做准备的机会。你会规划行为,并在完善自我的循环中一次次练习。例如,也许你会问自己:"马可·奥勒留会怎么评价我今天的表现？"

古人也做过类似的事情。盖伦说，他的日常习惯是思考一首著名的哲学诗《毕达哥拉斯的黄金诗篇》。塞涅卡和爱比克泰德也曾提到过这首诗，它可能影响了其他斯多葛学派信徒。盖伦建议每天读两遍这首诗，先默读，然后大声朗读。他建议我们，每天想想导师提出的需要改进的方面。他说，我们应该常常这样做，"至少在黎明开始日常事务之前，以及晚上休息之前。"

关于早晨的冥想，盖伦说从起床那一刻，就要开始思考面临的每项任务，你应该问自己两个问题：

1. 如果你是冲动的奴隶，会有什么后果呢？
2. 如果展现出智慧和自律，更理性地行事，你的一天会有什么不同？

马可在《沉思录》中至少讨论了四次如何为接下来的一天做准备。他提到，毕达哥拉斯的追随者常常在早晨思考星星，认为它们的一致性、纯洁、不加掩饰，是人智慧、美德、质朴的象征。马可醒来时也告诉自己，起床是为了发挥智慧潜力，而不仅是成为身体知觉的傀儡，被欲望左右，或被苦恼打倒。他告诉自己，要热爱本性和理性思考的能力，尽力遵从它们而生活。后面我们将提到如何与难以相处的人打交道而不沮丧或怨恨,马可也有非常明确的建议[26]。

爱比克泰德引用了《毕达哥拉斯的黄金诗篇》里著名的一段,指导学生们如何进行睡前冥想:

在思量白天的每一件事前,不要闭上你疲惫的眼睛,

"我哪里做错了?我做了什么?还有什么任务没有完成呢?"

从头到尾,审视你的行为,

为劣行而自责,为善行而喜悦。[27]

你可以问自己以下三个非常简单的问题:

1. 你做错了什么?你是否被非理性的恐惧或不健康的欲望所支配?是你做得不好,还是放任自己沉溺于非理性的想法之中?
2. 你哪里做得好?是通过明智的行为取得了进步吗?赞美你自己,巩固你想要延续的行为。
3. 你还能做哪些改变?你是否错失了一些发挥美德或人格力量的机会?怎么才能做得更好呢?

正如我们所知,一位年轻的斯多葛学派信徒被其信任的导师审视、质疑,也会密切关注自己的思想和行为。在某种

程度上，明白自己在一天结束时要反省言行，也会产生类似的效果，能强迫你更加关注自己的言行。马可用赫拉克利特的警句提醒自己：“我们的言行举止不应该像睡梦中一样。”[28]换句话说，我们需要努力唤醒自我认知。遵循这样的日常生活规律，在一定程度上就可以像拥有导师一样帮助我们做到这一点。

这个方法会让你对自己的想法、感情和行为更加了解。你也可以按照斯多葛学派描述的方式，在一天中定期检讨，培养自我认知。例如，马可经常审视其人格和行为，自问斯多葛学派导师的那些问题。他会不同处境下问自己："我现在的所作所为何益于我的灵魂？"[29]他探索自己的思想，仔细反思他认为"理所当然"的基本标准。他问自己："我现在拥有的是谁的灵魂？""我的行为像一个孩子、一个暴君、一只羊、一只狼，还是在发挥一个理性者所具有的真正潜力？我现在思考的目的什么？我愚蠢吗？和其他人疏远了吗？我是不是被恐惧和欲望拖垮了？现在我的脑子里有什么冲动呢？"也许你会问自己："到底应该怎么做？"有时候，有必要改变习惯。你可以扪心自问，长远来看，这些习惯是有益的还是有害的。

斯多葛学派采用了苏格拉底式的质疑方法，它揭露了被质疑者信念里的矛盾——有点像法庭上对证人的盘问。他们首先相信智者的思想和行为是一致的。相比之下，愚蠢的人被矛盾的冲动所驱使，摇摆不定，如同飞来飞去的蝴蝶。因此我们经常听到斯多葛学派称赞智者，无论面对什么都"始终如一"——甚至表情和举止无论晴雨都能保持一致。作为斯多葛学派治疗法的一部分，马可很可能被拉斯蒂克斯和其他斯多葛学派导师这样质疑过。我们用来指导生活的是非标准或渴望的东西，与评判他人的标准或者我们认为正确或错误的标准，这二者之间的矛盾是这种质疑一再强调的。今天，治疗师称之为"双重标准"。

这种苏格拉底式问答法被称为"价值澄清"，二十世纪七十年代诞生，但最近在治疗师和研究人员中重新流行起来。[30] 每天深入反思价值观，并简洁地将其描述出来，我们在生活中就能拥有更明确的方向。你可以通过自问自答来做到这一点，比如：

- 生命中最重要的事情是什么？
- 你内心希望你的生活代表什么？
- 在你死后，你希望被人们记住什么？
- 在生活中，你最想成为一个什么样的人？
- 你想要拥有什么样的人格？
- 你想在墓碑上写些什么？

这些问题类似一种著名的治疗术——想象你自己葬礼上

的悼词,并问自己希望人们记住你什么。想想狄更斯《圣诞颂歌》中的埃比尼泽·斯克鲁奇,圣诞未来之灵将他带到了他的墓碑前,得知了人们对其死亡的反应,使他在道德上顿悟了。

对于斯多葛主义的学生来说,另一种有用的价值澄清法是将"渴望的"和"钦佩的"并排列在一起:

1. **渴望的**。你在生活中最渴望得到的东西。
2. **钦佩的**。你在别人身上看到的最值得称赞和钦佩的品质。

起初,这两个列表相差甚远。为什么它们不同?如果你希望自己拥有别人身上令你钦佩的品质,你的生活会如何改变?正如斯多葛学派所说,如果把美德当作你生活的首要任务,那么一切会有什么不同?对斯多葛学派来说,这种价值澄清练习最重要的地方,是领悟人类最完美的本性,阐明最基本的目标,并以此为依据生活。斯多葛主义中的一切都会回到领悟善良的本性,并依此生活。

一旦明确了核心的价值观,就可以把它们与斯多葛学派的智慧、正义、勇气和节制等基本美德进行比较。人们会惊喜地发现,每天哪怕留出几分钟来深入反思自己的价值观,都是很有益的。事实上,价值澄清已经成为现代临床抑郁症治疗不可或缺的部分。明确我们的价值观，并努力与其保持一致，可以帮助我们在生活中找到方向感和生活意义，从而得到更大的满足感和成就感。试着用头脑风暴法，开动脑筋，集思广益，从小事做起，每天做一些符合核心价值观的事情。不要太雄心勃勃，从小的改变开始。晚上冥想时，你可能会给自己的德行打出满分，或者更确切地说，实现了核心价值观。这将鼓励你更深入地思考如何在体现价值观方面取得进展。请谨记：斯多葛学派的人生根本目标，即最完美的善行，是始终如一地遵循理性和美德行事。

在这一章中，我们看到了作为斯多葛学派导师的朱尼厄斯·拉斯蒂克斯在马可的生活中所扮演的角色：他说服年轻的凯撒马可学习培养美德和斯多葛学派的冲动疗法，并从中受益。根据马可私人医生盖伦的描述，我们重新构建了斯多葛疗法（治疗学）。盖伦借鉴了克利西波斯的《治疗法》，我们可以将其与《沉思录》中相关段落结合起来。

我们还提到了今天如何从类似的实践中受益，无论是否有一个真正的导师可以求助。导师的角色体现在行为和态度两个方面。你可以用不同的写作和具象化练习来模拟斯多葛学派的指导过程。我们也看到《毕达哥拉斯的黄金诗》把一天分为三个阶段：早晨冥想、白天正念、睡前冥想，这为盖伦和爱比克泰德提供了斯多葛学派疗法的结构。

我们介绍了现代治疗中价值澄清的概念。反思、澄清你的核心价值观,可以帮助对抗抑郁和其他情绪问题,尤其是每天努力以最真实的价值观去生活时。你可以将这些价值观与斯多葛学派的美德进行比较,并通过遵循日常惯例,从不同角度来探索。不断地自问:"生活中最重要的事情是什么?"或者像斯多葛学派所说的那样:"什么是好的本性?"即使每天留出几分钟来明确你的价值观,做与之一致的事情,也是大有裨益的。记住,这种微小的变化通常会产生惊人的效果。

　　本章中的概念将帮助你应用许多斯多葛学派其他的理念和技巧,为你的日常实践构建框架。如果恰当使用这个简单的"学习周期",就足以让许多人看到其人格和情绪弹性的进步,特别是再结合阅读研究斯多葛学派的文章,效果会更佳。这种自我审视是古代斯多葛主义训练的一个重要方面,正如苏格拉底所说,"未经审视的人生不值得度过"。

第四章

赫拉克勒斯的选择

如何战胜欲望

内心的平静,是遵循真正智慧和节制生活的自然结果。马可没有体会过卢基乌斯那狂野派对的快感,也没有经历过度放纵后痛苦的低谷。相反,他所得到的是更深刻、更持久的幸福。

马可双手掩面，怅然叹息。他对罗马的未来感到绝望，不是因为安东尼瘟疫造成的破坏，也不是不断加剧的北方蛮族入侵的威胁，反而是因为他的兄弟卢基乌斯·维鲁斯举办的一场宴席。即使卢基乌斯和马可共同统治，但他们品性截然不同。随着岁月流逝，他们的生活逐渐疏远。马可将哲学作为人生向导，而卢基乌斯则因为贪图享乐和无事生非而声名狼藉。

罗马贵族的家庭关系错综复杂。卢基乌斯不仅是马可的养弟，也是他的女婿，他娶了马可的女儿露西拉。因此，据说马可把他看得更像是儿子，而不是兄弟。马可继位后，第一件事就是任命卢基乌斯为共治皇帝，联合统治罗马帝国，这在罗马是史无前例的。卢基乌斯被赐予马可的姓氏——维鲁斯，在此之前，他名为卢基乌斯·埃利乌斯·奥勒留·康茂德。卢基乌斯是一个容貌英俊，而且非常有魅力的年轻人，他看起来可能比马可更适合穿着皇帝的紫色长袍。

第四章 赫拉克勒斯的选择

> 卢基乌斯身材匀称，举止亲切，他蓄着长胡子，几乎是蛮族人的风格；他身材高大，外表威严，天庭饱满。据说，他对自己的黄头发非常自豪，常常在头上撒些金粉，这样能使他的头发闪亮，显得更加黄灿灿。[1]

尽管马可和卢基乌斯共同拥有皇帝头衔，然而卢基乌斯显然听命于马可，像地方总督或陆军中尉一样服从他。

马可任命共治皇帝，原因之一是按理说卢基乌斯也具有继位权。正如我们所知，卢基乌斯的生父在继承哈德良王位之前就去世了。因此，马可认为明智的做法是说服元老院，让他与他的兄弟分享权力，以防止反对派的兴起。元老院最担心内战将帝国分崩离析，而这一措施的确有助于确保政治稳定。据历史记载，马可健康状况不佳也影响了这个决定。由于卢基乌斯比他年轻九岁，身强体壮，理论上应该比马可活得更长，可以顺理成章成为他的继任者。当然，联合统治也意味着，如果一个皇帝突然去世，另一个将继续掌权，降低了因继位而引发冲突的风险。

此外，历史学家卡修斯·迪奥称卢基乌斯是一个更年轻、更有活力的人，"更适合军事"。据我们所知，卢基乌斯年轻时从未服过兵役，但他在罗马军团中，可能一开始就比马可更受欢迎。因为他父亲至少曾短暂担任过潘诺尼亚的总督和军事指挥官。当马可和卢基乌斯宣布成为共治皇帝时，马可就派卢基乌斯代表他向军团发表讲话，并开始将其视为他的军队代表。马可和他的谋士们显然认为卢基乌斯是个做将军的苗子。但是，事实证明，在这个角色上，他基本上一无是处，因为他缺乏军人生活所必需的责任感和自律，宁愿把时间花在喝酒和呼朋唤友上。

事实上，卢基乌斯以他热衷于奢华的宫廷派对而闻名，这与他的兄弟简朴的风格形成鲜明对比。每次宫廷宴会的花费都大致相当于整个军团的年薪，这让马可忧心忡忡。主要的费用是卢基乌斯皇帝给宾客赠送的奢侈礼物。首先，他们收到雕刻精美的刀和盘子，以及在每道菜中吃到的活物，还有珍禽异兽。接着，他们得到了用半宝石和亚历山大水晶制成的精美高脚杯。接下来，皇帝还会分发金、银、珠宝制成的杯子、用金丝带和反季节的花缠绕装饰的花环，以及装有稀有药膏的金瓶。宾客还能观看私人角斗士比赛，他们一起喝酒玩骰子，直到黎明。最后，戴着银色马饰的骡子会拉车把他们送回家；这些骡车也是送给他们的，还有服侍他们的那些年轻英俊的奴隶。虽说金钱买不到真正的好朋友，不过这种奢侈聚会却吸引了一群贪婪放荡的追随者，他们激发了卢基乌斯性格中最糟糕的一面。

《罗马皇帝传》总体上将卢基乌斯描绘得非常负面，就像一个虚荣、自我放纵的小丑。卢基乌斯与真正的斯多葛学派信徒马可形成了鲜明的对比。即使这些故事夸大了卢基乌斯的恶习,但是,其中也可能存在一些真实情况。例如,尽管作为马可的共同皇帝统治了近十年,在《沉思录》中,卢基乌斯却只被降级为一个次要者,马可只提到他很感激有一个可靠的兄弟,"他的性格激励我培养自己的天性,他的尊敬和感情鼓舞了我"。显然,他只是用这种聊胜于无的赞扬来评价卢基乌斯。² 马可在这里委婉的语意模糊,也许意味着他在看到兄弟的恶习逐渐失控后,对自己的人格更加坚信不疑。然而,马可也感到很欣慰,因为卢基乌斯仍然忠于他,表现出"尊重和感情",而不是站在那些反对派一边来分裂帝国。卢基乌斯死后六年,一位最显赫的将军阿维狄乌斯·卡西乌斯发起了一场反对马可的内战。从中,我们可知内战的危险。

年轻时,马可和卢基乌斯都热爱打猎、摔跤和其他积极的爱好,并且都接受过斯多葛学派哲学的教育。然而,马可越来越致力于修辞和哲学的研究,努力晋升官职,而卢基乌斯似乎除了享乐之外一事无成。当弟弟参加马车竞赛、角斗士比赛或与朋友参加宴会时,马可却在钻研书籍,努力吸收罗马法律和政府机构的重要知识。你可以说卢基乌斯选择了快乐先于工作,马可选择了工作先于快乐。

我的解释是,卢基乌斯一生都追求空虚的快乐,将其作为一种情感逃避的形式。心理学家现在了解到,人们养成自我愉悦（他们自以为愉悦）的习惯——从社交媒体到吸食可卡因——作为一种分散注意力或抑制负面情绪的方式。以卢基乌斯为例，酒精和其他消遣可能为他提供了一种途径，来逃避他对皇帝责任的担忧。如我们所知，这些方式没有错——除非我们开始沉迷，以至于忽视了生活中的责任，或者用它来取代健康的、有意义的行为。

从长远来看，追逐空虚、一时的快乐永远不会带来真正的幸福。然而，快乐是很狡猾的——它也许会伪装成其他东西来引诱我们。我们在生活中寻求的是真正的幸福或满足的感觉，斯多葛学派称之为"eudaimonia"（希腊语：幸福）。卢基乌斯选错了寻找幸福的地方：为竞技场的残忍屠杀欢呼，为那些虚伪的朋友一掷千金，酩酊大醉，忘乎所以。当然，一个堕落的罗马皇帝筵席成瘾，似乎是一个放任享乐欲望的极端例子。然而，这种欲望心理在今天并没有太大的变化。人们仍然把快乐与幸福混为一谈，并且常常失去在生活中权衡轻重的能力。相比之下，斯多葛学派教会了马可，我们都在寻求一种更深刻、更持久的满足感。他们教导他，这只能通过实现我们的内在潜力，并与我们核心的价值观保持一致去生活才能实现，而不是被沉湎肤浅的感觉带入歧途。马可和卢基乌斯的生活在这方面背道而驰，最后走向了完全相反的结局。

这个故事似曾相识：作为共治皇帝，两位年轻的凯撒在道

第四章 赫拉克勒斯的选择

德寓言的启发下,选择了截然相反的道路。马可参加阿珀洛尼厄斯和其他斯多葛学派的讲座,认真聆听他们的劝告,并将哲学作为一种生活方式,这些时候他一定想到了他的兄弟。有一个著名的故事叫作"赫拉克勒斯的选择"。这个关于选择人生道路的古老寓言,在斯多葛主义的历史中扮演着特殊的角色。据说,在芝诺遭遇海难后不久,他偶然读到色诺芬《回忆苏格拉底》的第二本。书中的苏格拉底认为,自律的美德使人变得高尚和善良,而追求快乐的生活则不然。苏格拉底首先引用了赫西俄德的一段著名的诗句:

> 邪恶往往易得:道路平坦,她就近居住。但为了追求美德,诸神亦付出了汗水:通往她的道路漫长而陡峭,开始时步履维艰,但当你到达山顶,这条路最终变得轻松,尽管它曾经如此艰难。

苏格拉底接着讲述了"赫拉克勒斯的选择",这是他从希腊最著名的诡辩家之一,凯奥斯岛的普罗迪科斯那里学到的。

有一天,年轻的赫拉克勒斯走在一条陌生的小路上,在一个岔路口,他坐下来,思考自己的前途,不知道该走哪条路。突然,他发现面前出现了两位神秘的女神。第一位是美貌妩媚、衣着华丽的女人,名叫卡喀亚,她谎称说朋友都叫她"Eudaimonia",意味着幸福和成功。她走上前去,恳求赫拉克勒斯跟她走，并承诺将给予他迄今为止最轻松愉悦的生活方式，这是人通往幸福的捷径。她说他可以像国王一样生活，逃离苦难，享受穷奢极侈，超过大多数男人最疯狂的幻想，他可以让别人劳动，坐享其成。

赫拉克勒斯听了，并不作声。第二位女神走上前来，她是阿雷特，一个谦虚的女人，浑身散发着自然的美。令他吃惊的是，她表情严肃地提醒说，她的道路将通向一个完全不同的方向：这条路漫长而艰难，需要付出巨大的努力。她告诉赫拉克勒斯，他将历经千辛万苦，注定衣衫褴褛，受到敌人的谩骂和迫害。阿雷特告诫，这世上没有真正令人羡慕的好东西，是神不费吹灰之力就赐予人类的。赫拉克勒斯被要求运用智慧和正义，以勇敢和自律面对日益艰难的逆境。阿雷特女神说，用勇敢和高尚的行为克服巨大的障碍，是实现人生目标的唯一道路。

众所周知，赫拉克勒斯选择了阿雷特（美德）的英雄之路，没有被卡喀亚（邪恶）所诱惑。他手持一根木棒，身披尼米安猛狮的毛皮，这象征着一种自然原始的生活方式。他四处流浪，四海为家。众神强迫他完成十二项试炼，如杀死九头蛇海德拉，进入冥府赤手空拳抓住看门狗刻耳柏洛斯等。但身陷嫉妒的妻子背叛了他，骗他穿上一件抹了九头蛇毒血的长袍。最后，赫拉克勒斯中了毒，极其痛苦地死去。但宙斯敬佩自己凡人儿子的伟大灵魂，封他为大力神。

第四章　赫拉克勒斯的选择

不足为奇，赫拉克勒斯是犬儒派和斯多葛学派哲学家最崇拜的神话英雄。他的努力代表了他们的信仰：主动面对困难，培养人格的力量，比起安逸、无所事事的生活，会得到更大的收获。由此，与马可同时代的讽刺作家卢西恩，描写了犬儒学派的第欧根尼在奴隶拍卖会上的传奇交易：

买家：有你努力效仿的人吗？

第欧根尼：是的，大力神赫拉克勒斯。

买家：那你为什么不穿狮子皮呢？虽然我承认你看起来像他。

第欧根尼：为什么？这件旧斗篷是我的狮子皮，我和他一样，也在与享乐做斗争，不是听从别人的命令，而是我自己的意愿，因为我把改善人类生活作为我的目标。[3]

就像之前的犬儒学派一样，斯多葛学派把赫拉克勒斯的神话看作勇气和自律美德的寓言。爱比克泰德告诉他的学生们："如果没有怪兽，比如尼米安猛狮、九头蛇、阿耳忒弥斯的赤牝鹿、厄律曼托斯的野猪，也没有和那些不公正、野蛮的人去抗争，你认为赫拉克勒斯的生活会有什么意思？如果他坐在家里，裹在床单里睡觉，过着奢侈安逸的生活，他就根本不是大力神了！"[4]爱比克泰德说，就像赫拉克勒斯毫无怨言地除掉怪物一样，他们也应该消除内心的低级欲望和情感，战胜自我。

换句话说，对斯多葛学派来说，大力神的故事象征着决定在生活中真正想成为怎样的人这史诗般的挑战，哲学的承诺，以及臣服于快乐和罪恶的诱惑。其寓意是，通常需要付出艰巨的努力，才能找到正确的道路。但赫拉克勒斯的生活难道不快乐吗？正如我们所知，从斯多葛学派的角度来看，尽管赫拉克勒斯历经重重艰辛，但他仍然快乐。他知道自己在完成使命，表达本性，他享受着一种内心深处的满足感。他的生活远比快乐更令人满足：他拥有目标。

对于接受了斯多葛主义教育的马可和卢基乌斯来说，这些一定是很熟悉的。然而，卢基乌斯逐渐失去了兴趣，最终放弃了哲学。当马可忙于学习，不知疲倦地处理公务时，卢基乌斯却因为放荡以及对罗马流行的竞技赛事日益沉迷而声名狼藉。他在马车竞赛中总是支持绿队，冒犯了其他队伍的支持者，尤其是蓝队，这让他遇上了麻烦。无论走到哪里，他都带着一尊绿队至尊骏马沃卢瑟的金色雕像。他还制作了一个巨大的水晶酒杯，以"无敌酒量"来命名，这也是他酗酒的另一个证明。

相比之下，马可就像寓言中的赫拉克勒斯一样，选择避免种种干扰，至少把它们控制在最低限度。那个在马可儿时教他很多东西的无名奴隶，明智地告诫他，不要在马车竞赛中支持绿队或蓝队，也不要在角斗士中支持不同的派系。这些都是罗马帝国的公共娱乐形式，那个时代的"大众"似乎沉迷其中，就像现在大多数人喜欢体育和电视真人秀一样。

马可向来厌恶这些公共活动，但在他身边的朋友和谋士们的坚持下，他不得不出席。他似乎认为不必要的流血事件是邪恶和野蛮的。事实上，作为皇帝的马可对游戏的残酷性施加了许多限制。他坚持让角斗士使用钝器，这样他们只是像运动员一样战斗，不会危及生命。战车竞赛的刺激同样与流血有关，因为马和驾车人经常在这项危险的运动中致残或死亡。马可试图找到人群兴奋之外的本质，他以更加哲学的态度看待眼前发生的事件，问自己：这真的是人们所认为的乐趣吗？

对斯多葛学派来说，愉悦感本身并无好坏之分。但是，我们的精神状态是好或坏，健康或不健康，取决于我们所享受的东西。马可把罗马社会比作无所事事的游行盛会，人们似乎被琐事分散了注意力。他提醒自己，必须"得体地置身其中"。一个人的价值可以用他内心的东西来衡量。[5]从别人的痛苦中得到乐趣是卑劣的。斯多葛学派信徒认为，以别人冒死亡或受伤风险为乐是恶习；相反地，乐于看到人们健康幸福则是件好事。你可能认为这是显而易见的，然而，在生活中我们可能被快乐蒙蔽了双眼，看不到它对别人及自己造成的后果。斯多葛学派的导师教导马可,要仔细研究快乐的来源和后果。因此,在某种程度上,他超越了当时文化的成见。我们应该学会喜爱于己于人都有益的事情,而非那些无益之事。的确,与最核心的价值观一致的生活带来的内心喜悦,会让你觉得普通的快乐是肤浅的。马可将这一点铭记于心,反复告诉自己生活的目标不是快乐,而是行为。

起初,人们嘲笑马可势利而无聊,因为在比赛中,人们总能看到他在阅读法律文件并和谋士进行讨论。因为他知道自己必须出席这些活动,才能让大众高兴,但他更想利用这段时间来解决治国大事。就连他的导师和密友佛朗托也谴责他太过严肃了:

> 你不在的时候,我偶尔也在最亲密的一群朋友面前严厉地批评你。曾经一度,我这样做过。例如,当你带着不合时宜的阴沉表情进入公众场合,或者在剧院或宴会上埋头苦读(我指的是我也在场的时候)。在这种情况下,我就会说你是一个麻木不仁的人,格格不入的人,怒上心头时甚至我也觉得你是个十分讨厌的人。⁶

弗朗特最后终于开始接受马可的思维方式,他逐渐意识到罗马贵族阶层除了社交,还应该有更好的生活。他们都认

第四章 赫拉克勒斯的选择

为贵族的社交圈缺乏真正的温暖和友善。马可还面临着保守派的批评，因为他提拔像他未来的女婿庞培亚努斯这样的人，是基于功绩而不是高贵的出身。他遵从自己最崇尚的人格，谨慎选择朋友，而不是看对方的社会阶层。朋友的陪伴并不总是其乐融融——有时他们直言不讳地批评他——但他欣然接受，因为他们持有相同的价值观，并且他们帮助他完善了自我人格。他显然更喜欢和家人、最信任的朋友在一起，而不是与那些罗马贵族们交往。

他在《沉思录》中坦言，他渴望住在意大利乡村宁静的别墅，喜欢过简单的、田园诗般的家庭生活。与卢基乌斯的狂欢宴会相比，这无疑是一个更健康俭朴的休闲方式。但当马科曼尼战争爆发，马可离开罗马前往北部边境的时候，只好把这种向往抛到一边。

虽然在竞技场，马可有意把文件收起来，但他仍然坚持工作。当他和谋士讨论政治决策时，旁观者以为他和其他人一样在谈论比赛。他甚至找到了从游戏中汲取生活教训的方法。在与野兽的战斗中，他看到角斗士被咬个半死，全身布满伤口，可他们只是请求简单包扎一下，然后重新投入战斗。这让马可想起，尽管我们知道不健康的欲望会造成伤害，但还是继续屈服于欲望；也让他想起了他的兄弟，卢基乌斯已经放弃了哲学，过着一种显然会摧毁他的放荡生活。

只要他们在一起，马可就会在一定程度上监督卢基乌斯。

然而，在这两兄弟担任共治皇帝后不久，帕提亚国王沃洛加西斯四世入侵了罗马的附庸国亚美尼亚。附近的卡帕多西亚（在今土耳其）的总督慌忙应战，但他的军团被包围并全军覆灭，总督被迫自尽。这对罗马人来说是一次耻辱性的战败，冲突迅速升级为一场重大的军事危机。

马可需要留在罗马，所以他派卢基乌斯去叙利亚指挥集结在东部的军队。然而，本应需花费数周的旅程最终却花费了九个月。据记载，卢基乌斯一路上把时间浪费在狩猎和聚会上。马可陪同他到了意大利南部的卡普亚。马可一走，卢基乌斯就"在大家的别墅里狂欢"，直到他得了重病，马可不得不赶到附近的坎努西姆去照顾他。正如我们所知，如果稍有不慎，快乐就会蒙蔽我们的双眼，让我们对其后果视而不见。卢基乌斯的过度放纵，导致他越来越忽视自己的健康和帝国的发展。

《罗马皇帝传》严厉地批评了卢基乌斯皇帝，指责他终于到达叙利亚后，却因为远离马可的监督，在帕提亚战争中，他性格中软弱、堕落的一面占了上风。

当他最终到达叙利亚时，叙利亚的反叛席卷帝国的东部，造成大量罗马将军和士兵被屠杀。当他们处于水深火热时，卢基乌斯·维鲁斯正在阿普利亚组织狩猎，在乐队和歌手的伴奏下，穿越雅典和

第四章 赫拉克勒斯的选择

科林斯,在亚洲的海滨城市四处闲荡,在一些娱乐胜地,如潘菲利亚和奇里乞亚逍遥作乐。

当卢基乌斯最终到达叙利亚的首都安提阿,远离了马可的管控,他完全沉迷于狂欢,甚至为了取悦情人潘西娅,他还剃掉了胡子。这证实他完全放弃了哲学,转而追求自我放纵的生活方式。在前政权多年的迫害之后,哲学家的胡子已经成为政治化的象征;至少对一些人来说,剃掉它意味着放弃最珍视的信仰和价值观。对于罗马前几代人,说到留胡子,就会想到多米提安皇帝对哲学家的迫害。爱比克泰德曾大胆地宣称,如果当权者想剪掉他的胡子,他们就必须先砍掉他的头。

马可已经派了以纪律严明著称的罗马将军阿维狄乌斯·卡西乌斯去指挥叙利亚的军队,他把那些放荡的东部军团拖出妓院和小酒馆,拔掉他们头发上插的花。然而,卢基乌斯刚来接任指挥军队,私人随从就为他找到了寻欢作乐之地。流言说,尽管卢基乌斯娶了马可年轻的女儿露西拉,但他还与叙利亚的女人,甚至还有年轻男人,产生过不计其数的不伦恋情。正是在那里,他养成了通宵玩骰子的恶习。据说深夜,他伪装成平民在酒馆和妓院里游逛,喝醉了酒就打架,然后带着满身淤青回家。当他出去喝酒的时候,他总是喜欢扔硬币砸碎店家的杯子,引发数次争吵。在通宵达旦的宴席中，他经常烂醉如泥，趴在宴会桌上直接睡着，然后被仆人抬到卧室。

卢基乌斯的确因酒瘾而声名狼藉。据有关资料，他似乎被酗酒所折磨，并伴有焦虑和抑郁的症状。例如，在帕提亚战争期间，他写信给弗朗特，绝望地抱怨说："焦虑让我日夜痛苦煎熬，我几乎觉得一切都被毁了。"他指的是与敌对的帕提亚人谈判的问题，他显然被这些情绪困扰而崩溃。酗酒、滥交、赌博和聚会，这些放松方式尽管很糟糕，却成了他应对来自职责压力的方式。

斯多葛学派相信，娱乐、性、食物，甚至酒精在生活中都有一席之地——它们本身不存在好与坏。然而，一旦过度追求，他们可能会变得不健康。所以智者对欲望设定了合理的限度，他们践行了节制的美德：凡事有度。然而，当行乐先于行善时，就会带来灾难。健康和不健康的快乐是有天壤之别的，卢基乌斯无疑已经越过了这条界线。

在六年的战争中，罗马人战胜了帕提亚人，卢基乌斯终于从叙利亚凯旋，与马可一起庆祝胜利。然而，一回到罗马，他更不把哥哥马可放在眼里，行为也更加堕落了。他总是因从东方带回众多俘虏而得意洋洋，人们嘲笑他俘虏的一定是演员，而不是真正的帕提亚士兵。卢基乌斯竟然还厚颜无耻地邀请伟大的修辞学家弗朗特写一部战争史，将罗马军队的成就归功于他。

第四章 赫拉克勒斯的选择

事实是，卢基乌斯让阿维狄乌斯·卡西乌斯和其他将军坚守阵地，自己却远离战斗，像一个名流似的带着随从游山玩水。我们将会看到，这种玩忽职守并非小事。阿维狄乌斯·卡西乌斯趁机顶替了他的位置，并在整个东部省份逐渐像皇帝一样大权在握。

在卢基乌斯回国后不久，北部边境爆发了第一次马科曼尼战争。这一次，两位皇帝一起披上战袍，率军从罗马出发。马可显然认为他的兄弟独自出征不可行，也不愿让他独自留在罗马恣意妄为。卢基乌斯想留在意大利北部的阿奎莱亚，他可以在那里狩猎、举办宴会，但马可坚持要穿越阿尔卑斯山到潘诺尼亚，那里已经被马科曼尼人和其盟友占领。在罗马人击退了野蛮人的首次入侵后，卢基乌斯渴望能离罗马距离近些，在他的坚持下，两位皇帝回到了阿奎莱亚。然而，在公元一六九年初，卢基乌斯突然陷入昏厥，医生给他放血，三天之后就去世了。他的死因不详，甚至有传言说马可毒死了他。然而，失去知觉、不能说话和猝死是瘟疫的症状，当时瘟疫正在附近的城市和军队营地里传播。讽刺的是，尽管卢基乌斯是两位共治皇帝中更年轻、更强壮的，但他只活到了三十九岁；而马可虽然出名的虚弱，却活到了将近六十岁。

我们可能会认为马可摆脱了他的兄弟，如释重负，但事实上他却感觉损失惨重。当时政治危机不断加剧，瘟疫席卷整个帝国,马可被迫第一次离开罗马,在北部边境担任部队的指挥官。身处严重的个人危机和巨大的政治压力之下,他一定感到越来越孤立。不过,我们将会看到,《沉思录》就是在这样严峻的考验下写就的。

如何征服欲望

我们之前提到了普罗迪科斯的"赫拉克勒斯的选择",马可还在笔记中引用了另一个关于欲望的著名寓言。这是伊索寓言的故事之一,名为"城里老鼠和乡下老鼠"。故事讲述了一只城里老鼠有一次去乡下拜访他的表弟,表弟招待他吃了一顿简单的乡村食物:一些面包皮和干燕麦。城里老鼠嘲笑表弟吃的像乡巴佬一样太简单,并吹嘘城里的奢华和富足。他坚持让乡下老鼠和他一起回到城市,尝尝美好生活的滋味。乡下老鼠同意了,他们回到了城里老鼠藏身的房子,像国王一样享用着主人桌子上最好的残羹剩饭。然而,两只狗听到它们刨来刨去,立即冲进房间狂吠,两只老鼠顿时吓得魂飞魄散,四处躲藏。

他们跑回安全的老鼠洞,终于松了一口气。这只颤抖着的乡下老鼠感谢了表哥的款待,但他说要马上回到他在乡下的简陋住所。虽然乡下食物很普通,但比起城里的危险,他更喜欢自己家里宁静简单的生活。城里老鼠的危险生活根本算不上美好，它们付出的成本太高了。这只乡下老鼠说，他宁愿像农民一样吃饭，也不愿冒险被城里贪婪的狗活活吃掉。回顾这个故事的寓意，马可想起了城里的老鼠因为贪婪，只能生活在"惊恐不安"中。[7] 我不禁想到，马可可能认为自己是乡下老鼠，而他的兄弟卢基乌斯是城里老鼠。

马可认为纠缠着卢基乌斯的那些"乐趣"空虚而肤浅，但这并不意味着他的生活中没有快乐。我们不应该被《沉思录》里深沉的思考所误导，以为作者性格沉默阴郁。他的私人信件证明，马可是一个幽默风趣、出奇深情的人。在青年时代，他喜欢各种各样的运动，爱好广泛，比如绘画、拳击、摔跤、跑步和狩猎野猪。《罗马皇帝传》补充，他还非常擅长各种球类游戏。当然，随着时间流逝，他的责任不断加重，毕生致力于处理国家事务和练习斯多葛哲学，后者有助于指导他如何行事。据说，他总是待人和善，平易近人，被身边的人所爱戴。据说，他简朴但不极端，谦逊但不被动，严肃但不阴郁。他显然很喜欢和朋友、家人在一起。

马可可能比他信奉享乐主义的兄弟卢基乌斯快乐得多。的确，他并没有体会过卢基乌斯那些狂野派对的快感，但也没有经历过度放纵后痛苦的低谷。相反，他所得到的是更深刻、更持久的幸福。斯多葛学派声称，这是遵循智慧和美德生活的成果，至少可以说是迈入理想状态的一丝光芒。马可明确表示，他的生活目标是在心中获得最大的喜悦，并在一生中保持"愉悦的宁静"。在瞥见了内心平静之后，马可确信他将一直生活在这样的心境中，即使被周围人指责或被野兽伤害。⁸苏格拉底在监狱里等待处决，甚至当最后饮鸩自尽的时刻，他依然保持这种愉悦的心境，至少故事中是这样写的。马可也亲眼见过这种面对逆境时积极的健康态度，正如他挚爱的斯多葛派导师所展现的。他们教导年轻的马可，内心的平静是遵循真正的智慧和节制生活的自然结果。更重要的是，他目睹了这是伟人们真实的生活方式，即使身处困境之时也如此。

现代英语并不能很好地表达古希腊哲学中的一些词语的区别，尤其是在描述情感和感觉时。"快乐"这个词几乎涵盖所有积极的感觉。然而，斯多葛学派区分了我们从食物、性或奉承话等"外在"事物中获得的快乐（希腊语: hedone），以及马可所说的更深层的内心的快乐（希腊语: chara）。斯多葛式的快乐显然是更深刻的。它来自于实现你在生活中的基本目标，和体验到真正的满足感。相比之下，普通的快乐显得微不足道。普通的快乐常常扰乱人心，尤其是我们沉迷其中的时候。斯多葛学派的快乐从来不会这样——它是内心平静的同义词，懂得何为节制。⁹斯多葛学派将它视为纯粹的"快乐"形式，一个人经历了真正伟大的生活，并获得了真正的个人满足。当然，我们没有到达那样的境界，但只要朝着正确的方向前进,所有人都有可能实现这个目标。

关于斯多葛学派的快乐,还有两个关键点值得强调:

1. 斯多葛学派认为智慧才是生活的目标,快乐不是,它只是附加物。所以他们相信如果以牺牲智慧为代价,直接追求快乐,可能会让我们走上错误的道路。
2. 斯多葛学派认为的快乐,从根本上是主动的而不是被动的;它来自于感知我们自己行为的美德品质,即我们的所作所为。然而身体上的快乐来自于发生在我们身上的经历,即使它们是吃、喝或性爱等行为的结果。

因此,马可说,你的最高幸福不在于情感,而在于行动。[10]

智者的快乐感仅仅来自于一件事:行为与美德保持一致。[11] 尽管如此,马可在其他地方也提到了两个另外的快乐来源。这些都与斯多葛学派伦理所包含的三个核心关系一致:我们自己、他人和整个世界。

1. **思考你自己的美德。**正如我们刚才看到的,马可说,对斯多葛主义者来说,"宁静"和"快乐"最重要的来源来自于放弃对外部事物的依恋,专注于明智地生活,特别是通过在与他人的关系中运用美德(正义)。
2. **思考他人的美德。**马可还告诉自己,想高兴的时候,他就思考身边人的好品质，如毅力、谦虚或慷慨。这就是他在《沉思录》第一卷中所做的，他详细列举了家庭成员和老师的美德，这有助于解释这些友谊在他生活中所扮演的重要角色。

3. **接受你的命运。** 马可还告诉自己，与其像许多人那样渴望得不到的东西，不如反思眼前拥有的可喜的事，想想如果它们不在了，会多么令人想念。[12]

希腊语中快乐（chara）与感恩（charis）密切相关。事实上，斯多葛学派鼓励你欣赏命运赋予你的外部事物。然而，马可警告说，在这方面必须保持适度。你不应该养成高估并过度依恋它们的习惯。他说，你可以问自己，假如你珍视的东西被拿走了，是否会感到难过，以此来自我审视。斯多葛学派想要在生活中培养一种健康的感恩之心，不要沉溺于依赖。所以他们冷静地练习想象改变和失去，就像一条缓缓流过的河，把东西带走了。智者热爱生命，并感激生命给他的机会，但他承认一切都在改变，没有什么是永恒的。因此，马可写道，这是斯多葛学派圣人的一个特点，"对所发生的事情，对为他而纺的命运之线感到满意和愉悦"[13]。今天，人们觉得这类似于十九世纪哲学家弗里德里希·尼采说过的一句名言：接受并热爱你的命运。

斯多葛学派强调感恩，也承认从积极的经历中享受快乐并没有什么错,只要不过度就好。如前所述,他们并不认为享乐是一件坏事。相反,快乐以及它的源头在道德上是"中立的",既不好也不坏。

换句话说,斯多葛学派并不反对快乐。马可只是相信,他能从生活中简单的事情中获得积极的享受;而那些享乐主义者,比如他的兄弟会贪婪地放纵,从消极的欲望中获得快乐。但他的快乐一点都不比他们少。[14] 苏格拉底也同样声称,实际上,那些自律的人,比那些耽溺于美食和饮酒的人,可以获得更多的快乐。他说,饥饿是最好的滋味,暴饮暴食反而会破坏胃口。享乐主义者也许会指责斯多葛学派错过了生活中的乐趣,但斯多葛学派这样回应这个悖论:像马可这样节制生活的人,一定比像卢基乌斯一样缺乏自律和过度放纵的人获得更多的愉悦、更少的痛苦。

然而,这个观点有一个更深层次的悖论:最终,自律的美德可能会成为比食物或其他我们渴望的外物更大的"快乐"来源。更准确地说,节制可能会成为个人满足和内在满足的来源,超过了它想要超越的普通快乐。然而,重要的是要记住,我们谈论的是明智的自律,而不是愚蠢或消极的自我否定。对斯多葛学派来说,智慧的内在价值,作为目的本身,总是超越一切,包括明智生活带来的快乐和其他外在收获。这些更像是一种额外的奖励,而不是我们真正的生活目标。

改变欲望的步骤

那么,就像斯多葛学派所描述的那样,该如何摆脱不健康的欲望,在生活中获得更大的成就感呢?我们大多数人都发现自己追求享乐主义的快乐,并沉溺于那些似乎难以改变的坏习惯。当然,如果吸毒或酗酒成瘾,你应该寻求专业指导。然而,二十世纪七十年代的心理学家研发出了改变习惯成瘾的可靠方法。这些方法至今仍被心理治疗师应用,解决诸如吃垃圾食品或咬指甲等问题。我们的一些最持久的习惯可能是逃避不愉快的一种方法,这让更深层次的问题无法解决。然而,在追求空虚的快乐上浪费太多时间,会妨碍我们追求那些真正有益的事情,比如更严格地遵循核心价值观去生活。可以说,这是其中最重要的问题。

例如,今天的人们经常抱怨沉迷于社交媒体。出于习惯或欲望,他们会花很多时间在网上刷各种信息。有一会儿不上网,他们就会感到烦躁、无聊或不安。他们痴迷于社交网络、电子游戏、电视节目等,就像卢基乌斯沉迷于战车竞赛和角斗士比赛一样。不过,反思之后,很少有人会认为这是充实的生活方式。没有人在墓碑上刻"要是多看点电视就好了"或"我应该多花些时间在脸书上"这种墓志铭。因为这些空虚和被动的快乐不能提供持久的满足感。斯多葛学派告诫我们，一定不要在上面浪费太多时间。

特别是抑郁症患者会发现，那些曾经赋予他们生命意义、有成就感的行为，已经被不尽如人意的快乐所取代。这些快乐很容易成为分心或情绪麻木的根源。

所以，应该从大处着眼，来仔细评估你的习惯和欲望。思考这些追求对你的长期幸福，或生活成就感到底有多大贡献？

我将推荐一个简单的框架来评估和改变你的行为，它基于认知行为疗法和古老的斯多葛认知实践，主要包括以下步骤：

1. 评估你的习惯或欲望的后果，以便选择要改变哪些习惯或欲望。
2. 发现早期预警信号，这样你就可以把有问题的欲望扼杀在萌芽状态。
3. 将内心印象与外在现实分开，保持认知距离。
4. 做其他有益的事情以取代现有的坏习惯。

此外，考虑如何通过以下方式，找到其他健康、积极情绪的来源：

1. 规划与核心价值观一致的新活动。
2. 思考你所钦佩的他人的品质。
3. 练习感恩你所拥有的一切。

1. 评估欲望的后果

你如何确定要改变哪些习惯？现代治疗师经常帮助他们的患者权衡不同行为的利弊，以便从中做出选择。有时这被称为"成本收益分析"或"功能分析"。当然，那些想要改掉暴饮暴食或吸烟等坏习惯的人，他们通常会说："我已经知道这不好了！"然而，如果你不确定某件事是否是坏习惯或有害的欲望，你可以思考这种行为的后果，与适当节制的结果，二者进行比较权衡。

例如，如果你经常在下班后看一个小时电视，这种习惯的长期利与弊是什么？你能做什么更符合你真实价值观的事情呢？从长远来看，这将如何实现呢？正如我们所看到的，一些哲学家宣称，仅仅是追求克制行为本身，就比沉迷于坏习惯更令人满意。或者，你可能想要做一些"替代行为"，这在你的个人价值清单上很重要，但可能需要一些努力，比如给你爱的人打电话或者读一本书。记住，目的不仅是改掉坏习惯，而是去做更多具有内在价值并有所回报的事情行为，比如践行斯多葛学派的美德。例如，如果成为一个好家长对你来说很重要，那么就去规划一些活动，让你的行为符合这个价值观。接受这类型的机会,将有助于你成为你想成为的那种人,即使在一开始每天只做几分钟。如果花更多的时间践行你所欣赏的美德,做一些你认为有价值和成就感的事情,花更少的时间沉浸在那些看似愉悦但其实无益的习惯中,会有什么奇迹发生呢?

事实上,思考并生动地想象一些行为习惯的后果,在某些情况下就足以戒掉它。因此,爱比克泰德曾告诉他的学生,设想一个行为的后果,以及它是如何一步步影响我们的。我们知道,马可使用这种方法,问自己每一个行为对他意味着什么,并思考将来是否会后悔。[15] 我们已经指出,斯多葛学派喜欢将决策变成简单的二分法。在大力神赫拉克勒斯的选择中,同样有两条前进的道路:

1. 邪恶的道路,追求放纵欲望和非理性的情绪(有害的冲动)。
2. 美德的道路,锻炼自制力,遵循理性和生活的真正价值。

斯多葛学派经常提醒自己:恐惧和愤怒等不健康的情绪所造成的伤害,比让我们不安的事情本身更严重。同样,学习自我控制最终会让我们受益匪浅,这是得到渴望的外部事物所不能比的。当勇气和节制的美德被明智地运用时,通常会使人格更健全，生活更健康。而我们渴望的大多数东西，只能带来短暂的快乐。

治疗师发现，询问患者的习惯有助于治疗："从长远来看，这种习惯有什么影响？"简单的问题往往足以使行为转变。我们称之为斯多葛学派的"功能分析"，可以通过书写来实现。你可以写下行为的短期利弊，再写下长期后果。仅仅意识到欲望会产生负面的结果，就会完全改变你的看法和行为方式。但是，有些时候，你需要以一种非常详细、清晰和生动的方式，反复想象坏习惯的负面影响，力求改变它们。反过来，想象克制欲望、掌控自我或反其道而行之的积极结果，也是大有裨益的。

想象你前面有两条道路也很有帮助，就像赫拉克勒斯面对的岔路口一样：例如，戒烟和继续吸烟、锻炼和无所事事。花点时间想想，随着时间的推移，这两条路如何向不同的方向发展，在几个月甚至几年之后，你会沿着这两条路走向什么样的生活？

在这个阶段，你的初级目标是确定你想要克服哪些习惯或欲望，并弄清楚这样做的后果。你的第二个目标是，通过对比你面前这两条道路，和改变所带来的好处，来提升你的动力。在打破习惯时，动机是成功的关键，所以首先尽你所能来提升它是有意义的。

2. 发现预警信号

既然你已经思考过哪些习惯或欲望与你的价值观相悖，并应该改变，下一步就是注意在它们出现时及时抑制。关键在于及早发现，这样才能防患于未然。这需要耐心地自我监督，特别是发现想要改变的态度或行为的早期预警信号。如果做法妥当，这种自我监督实际上是一种有效的斯多葛学派的正念训练方式。

每天都要记下你注意到的欲望的出现情况。这可以很简单，只写下每次你意识到的，包括最轻微的习惯倾向；也可以更详细地记录，包含日期/时间，外部情况（在哪里），注意到的早期预警信号，从 0 到 10 来判断冲动程度，也可能是如果你屈服于它，你所体验到的实际快乐程度。如果你觉得有用，还可以记录下导致欲望产生的想法，比如"仅此一次不会有坏处""我可以明天就停下来"或者"我只是没有毅力"。

时间/次数/地点	早期预警	冲动（0-10）	快乐（0-10）	想法

你的第一个目标应该是自我审视，确定导致问题出现的触发因素或"高风险"情况。也许你吃垃圾食品是为了安慰，

特别是在一天高强度的工作或者和爱人吵架之后。寻找以前被忽视的细微的早期预警信号。更明确地意识到你的想法、行为和感受，就可以发觉欲望出现的更早期阶段。回到垃圾食品的例子，你可能会注意到，当看着商店里的糖果，就能想象到自己吃的样子。如果你吸烟，当烟瘾发作时会变得紧张、坐立不安。在出现习惯性的行为时，人们很难发现，但旁边的人可能很清楚——例如，他们的表情、眼神、手的动作，等等。这些早期预警可能包括前文提到的导致欲望产生的想法，比如"我可以享受一次"或"仅此一次不会有害"。

人们想要戒除的大多数是直接习惯，比如咬指甲、吸烟、喝酒或吃垃圾食品和零食。做这些行为之前，人们通常会先摆弄手，比如在咬指甲之前先抚摸下巴等。如果注意到这些前兆，这种习惯就会减少。在这样的情况下，斯多葛导师或朋友的建议将是你宝贵的财富。他们可以做一个简单的手势提醒你注意，比如轻碰几下鼻子然后走开。因为一些自己意识不到的事情而被说教是很令人恼火的。如果一个人独处，你需要表现得好像另一个人在审视你，并想象他们可能会看到什么。

学会在早期阶段发觉迹象，可以更容易地破坏导致欲望或冲动出现的行为链。对行为中的微妙要素保持觉醒，会让这种行为不是无意识的。例如，大多数成年人都会系鞋带。然而，如果你教一个孩子系鞋带，就可能手足无措。当我们不假思索的时候,这些行为是出于习惯的、无意识的;但如果必须分析步骤,或换种方式做的时候,往往会变得笨拙又尴尬。如果你在观众面前表演,或者参加一项体育运动,过多地思考具体行为是毫无益处的,那只会导致自我意识过强,进而扰乱阵脚。问问那些要做熟练动作的人,比如打高尔夫,他们是否需要关注举杆时呼气还是吸气,思考这些会让他们感到困扰,不知所措。同样的道理,自我意识会扰乱无意识的行为,当你真的想改掉一个坏习惯时,这样做会行之有效。

3. 保持认知距离

一旦你发现了欲望或习惯的早期警告信号,可以通过关注当前视角和外在现实的距离来帮助自己做出改变。我们已经从现代心理疗法中引入了距离的概念,它提供了一种方法,帮助理解斯多葛主义最重要的心理学实践之一:将我们的价值观与外在事件"分离"。当欲望或习惯出现时,你可以留意一些怂恿它的想法——"我想知道网上发生了什么"——以及促成它的想法或借口——"我稍微刷一下社交媒体,也不会有什么坏处"。站在一种客观的立场上,就像它们是别人的想法一样,会帮助你获得认知能力,并削弱做出习惯行为的冲动。正如我们所见,斯多葛学派以多种方法实现了这一点。遵循这些方法,你可以向你的想法"述说",好像在对另一个人讲述一样,说"你只是一个想法,根本不代表什么"——

它本身没有内在价值。你也可以改编爱比克泰德的话:"我们的渴望并不是来自事情本身,而是来自我们的判断。""是我们给那些看似诱人的事物赋予了价值"。

强烈的欲望和快乐的感觉好像在告诉我们:"这样很好!"欲望让我们忘记还有其他的方式来看待我们所渴望的东西。停下来,保持认知距离,让你的思想与现实拉开距离,会削弱强烈的感觉和它们对你行为的控制。

保持认知距离有许多不同的方法。一种是想象一个榜样如何以不同的方式看待相同的情况。假设你想要吃一个汉堡包,你可以问自己:"苏格拉底会如何对待这种欲望?"事实上,苏格拉底对饮食很谨慎、节制。他认为,自我控制比快乐更重要,如果我们避免暴饮暴食,就能更享受食物。你还可以问:"如果马可也有同样的渴望,他将如何应对?"当然,你为自己选择的榜样,也可以是你认识的人,比如朋友、同事或家人,甚至是名人或虚构的人物。首先,想想对于这种欲望,你的榜样会对自己怎么说。他们对最初的冲动会如何做出反应呢?然后,思考一下他们到底会做什么。当然,你不需要模仿他们,但是从不同的角度看待这种体验会削弱感觉的强度。你可能受到启发,以便解决问题,并思考如何另辟蹊径。另一方面,当人们感到被欲望或情绪所淹没时,他们通常无法从多角度看待事物。

马可还谈到了将事物分解,并反思每个独立部分的重要性。当我们依次分析并关注每个部分，问自己每一个部分是否能压垮我们，那么整个事物就似乎更容易忍受。类似的"拆分"技术被运用于现代认知疗法，来克服欲望和情绪问题。我们不妨借用二十世纪早期受到斯多葛主义影响的心理治疗师查尔斯·博杜安使用的术语，他称这种心理学方法为"拆解分析"。[16]这意味着将问题分解成小块，就会迎刃而解。

例如，当我们做出某些行为时，比如此前讨论的坏习惯，马可建议停止这个行为，逐步问自己："如果我不做这些事，就会死得很可怕吗？"这教给他一种方法，即依次分解习惯行为的每个部分，并质疑其价值。[17]例如，吸烟的人每吸一口，都问自己如果失去这种感觉是否是世界末日。强迫性刷社交媒体的人停下来问自己，如果错过每一个网络上的消息，是否真的那么难以忍受。如果用这种方式练习自我意识，你就会经常（但并不总是）意识到，从这些习惯中获得的快乐实际上比你想象的要少得多。

马可年轻时做过萨利领舞，那是一种跳跃的古代勇士祭司的舞蹈，同时也接受过拳击和摔跤的训练。这些经验使他能更敏锐地观察人的心理。你知道，如果停下来分析歌舞的各个部分，就会破坏它们的美感——例如，在脑海中将旋律分解成单独的音符，问问自己："你是否会被这些部分征服？"[18]同样地，古希腊式搏击是一项结合了拳击、摔跤、踢技和锁喉的古老运动，单独分析对手的每一个动作，可以帮助你学会克服比赛时的不知所措。因此,马可会让自己将事情分解成几部分来分析,破解冲动的魔咒。

你已了解了斯多葛学派淡泊无欲的概念。它有一个非常具体的意义——摆脱有害的欲望或冲动——这是斯多葛学派与普通的冷漠的区别,它并不是冷酷无情或漠不关心。斯多葛学派相信唯一真正的善是智慧和美德,而我们却养成了关注外物的思维习惯,好像外物比满足自己的本性更重要。我们已经知道,斯多葛学派特别强调延缓对外物的价值判断,尽可能客观地用语言来描述事件。他们把这种对事实的牢牢把握称为"有把握的表象",或事件的"客观表征"。

你可以看到这个概念如何被应用于控制有害的欲望。人们经常用激发欲望的语言描述他们渴望的东西,即使知道自己的习惯不健康:"我很想吃巧克力。为什么它这么好吃?它就像天堂的味道!比性爱要美妙。"(它的主要成分是植物脂肪、一些可可豆,还有大量的精制糖。)这是另一个修辞方法的弊端。相反,当你用客观的语言来描述食物或其他渴望的东西时,你会感觉疏远它。人们认为哈德良皇帝死于心脏病发作,他非常喜欢一道叫做"四药"的奢侈菜肴,据说是卢基乌斯·维鲁斯的父亲发明的。这道菜由野鸡、野猪、火腿和一只母猪的乳房组成,用油酥面皮包裹。相比之下,马可则会看着烤肉和其他美食,低语:"这是一只死鸟,一条死鱼,一头死猪。"[19] 精致的葡萄酒只是发酵的葡萄汁,等等。[20]

换句话说，换个角度来看人们渴望的东西，往往不那么令人兴奋。

有时，这些客观表征类似于一位古代医生或自然哲学家记录观察物理现象的笔记。在现代认知疗法中，我们也建议患者把自己视为科学家，以好奇心、超然和客观的态度将行为改变当作一种实验。马可甚至把这种看待世界的方式应用到他的性生活中。我们提到过，他年轻时一直在努力克服愤怒的情绪。马可还简要地提及，最好不要被性欲左右。在《沉思录》中，马可说，回顾过去，他很感激自己在成年后几年里保持禁欲。[21] 他还很感激，当被强烈的性欲所困扰时，他克服了这些欲望，"从未碰过贝妮迪克塔或狄奥多图斯"——这可能是他父亲安东尼皇帝的男女奴隶。我们可以看到，马可通过拆解分析来压抑性欲。例如，有一次，他将性描写为仅是身体部位的摩擦，然后是抽搐和射精。[22] 虽然听起来不是很浪漫，但这就是重点——目的是消除不恰当的性冲动（不过，他有十三个孩子，所以他并不完全反对性行为）。关键不是要无欲无求，而是要避免有害的欲望或纵欲，不要把某些快乐看得太重了。

4. 做其他有益的事情

你已经确定了想要控制的欲望，学会了如何发现早期预警信号，并练习了停下来并保持认知距离。从某种意义上说，接下来最好的办法就是什么都不做。换句话说,不要对欲望做出进一步的回应。如果需要,你当然可以稍后再回想这些感觉。停下这种行为,而不是被欲望牵着鼻子走。你也许想要离开充满诱惑的环境。许多冲动只能持续一分钟左右,尽管它们可能一天中反复出现。不过,你只需要把每一次冲动或欲望处理得当。因此,要及早预知这些感觉并提醒自己,它们主要是脑海中的思想引起的,不要随心所欲,或者去做一些你认为本质上有益的事。你可以随意做些其他事情。

例如,假设你习惯每晚下班后喝一杯葡萄酒,但逐渐变成了喝一瓶,有时甚至喝两瓶。从长远来看这很不健康。或许你也曾想把晚上的时间用在读书或去上夜校,因为你更想成为这样的人。你知道,傍晚时分待在家里,就是你养成喝酒习惯的原因。你也注意到了当无聊和烦躁的时候,你会告诉自己可以喝一杯酒来放松。现在,有喝酒的冲动时,你已经学会了控制它。你关注你的想法,也意识到了它们如何影响感受。你告诉自己:"不是酒让我产生欲望,而是我自己想喝。"那么,停下喝酒的行为,并从这种欲望中后退一步,不要接着倒酒,坚持足够长时间,来使欲望消失。其他的诱惑不会持续太久,如果它卷土重来,你可以用同样的方法再次压制它,一步步试着这样做。

与其倒一杯酒,不如做点别的事情,比如出门走走,换个环境。做一些能给你真正成就感的事情,而非贪恋短暂而空虚的快乐。如果你决心改掉这种习惯，可以扔掉家里的酒和酒杯，并承诺不再购买，以此消除诱惑。你可以采取健康的"替代行为"，比如喝水果冰沙或凉茶。当然，你要做什么取决于想要克服什么习惯。

正如我们所说，最理想的状态是用有益于内在的行为取代不称心的习惯和欲望。之前阐述价值观时，我们谈到了斯多葛主义的这一方面，与遵循美德行事有关。然而，有时不做某件事，即克服坏习惯的行为可能被视为一种美德，它本身就值得重视。马可在《沉思录》中最常用的方法之一是自问，大自然给了他什么美德或才智来应对生活中的特殊情况。这与我们最钦佩别人的哪些性格特征的问题息息相关。马可说，我们常会赞美他人自律和节制的美德，它会阻止你纵情享乐而忘乎所以。[23] 我们不会因某人吃了多少垃圾食品而钦佩他，但我们会称赞人们有毅力克服这样的坏习惯。

斯多葛学派认为，如果想提高自己，我们应该被所钦佩的人的品格、我们真正价值观和原则所影响，而不仅仅逃避痛苦，寻求快乐。享乐主义的生活并不令人十分满意，正如"赫拉克勒斯的选择"所启示的，我们只有能忍受某些痛苦、不适或放弃某些快乐，才能活得精彩，取得引以为豪的成就。

当人们有了孩子，开始思考成为一个好父母意味着什么，这种观点就会更加惹人注意。如果想成为孩子的榜样，你应该问问自己是什么样的人，想要展现什么品质。在日常生活中,明智地学习节制来完善自己的人格,可能比简单地追求快乐更重要。当然,斯多葛学派进一步主张我们应该懂得智慧、自律和节制,不是因为要给孩子树立好榜样,而是因为这种行为本身就是目的——善行本身就是回报。我们追求智慧和有力量的人格,不是因为我们希望获得其他东西,而仅仅是因为我们就想在生活中成为这样的人。

你已经知道了斯多葛学派如何学习榜样的态度和行为。马可的榜样包括身边的人,如安东尼·庇护和朱尼厄斯·拉斯蒂克斯,还有古代的智者,如赫拉克利特、苏格拉底和第欧根尼等。我们崇拜的人对诸如食物和饮料(酒)之类生理的快乐"取舍自如",马可认为这种观点起源于苏格拉底,并发现安东尼也是这样。他们并不渴望这些快乐,也不沉溺其中。他们更重视自己的人格和正直诚实。另一方面,他们能够以一种健康的方式,在合理的范围内享受快乐。记住,快乐是暂时的,并不完全受我们所控。

再次强调,用双重标准来思考你的欲望和别人身上的优点是很有启发性的。对于应该放弃某些乐趣的建议,许多人起初都感到震惊。然而,他们却常常赞美并钦佩为了获得智慧和美德而忍耐、自律,并放弃某些快乐的人。爱比克泰德用苏格拉底式问答法来强调这种矛盾,它隐藏在人们的潜在价值观中。当你真正明白两种标准不可兼容,就会削弱其中的一种或两种,帮助自己明确核心价值观。列出生活中渴望的东西，并将它们与你所钦佩的他人的品质进行比较，更能看出这两种标准的区别。如果渴望拥有你欣赏的人格，你会怎么做？假设你想成为一个自律的人，能做出健康的选择，这种愿望就会取代吃巧克力的欲望。对于斯多葛学派来说，最高的目标是美德，而不是快乐。只要在生活中展现美德，就会获得更健康的、更深层次的快乐。

增加更积极的快乐来源

马可提到了理性快乐的三个来源。第一个也是最重要的一个是斯多葛学派瞥见自己向着智慧和美德的方向进步，并且由此实现了他们在生活中的潜能而获得的快乐。除了用更有意义的行为来取代不良习惯，还可以每天安排有益的活动。例如，每天留出十分钟为孩子写故事。虽然这可能无法取代坏习惯，但如果能让你有成就感的话，那它必定会让你养成一个好习惯。就像每天留出时间来践行斯多葛学派的美德，你一定会变得更像你所钦佩的人。

马可说，通过思考他人的美德所获得的快乐，与模仿他人的态度和行为有关。你可能想要花时间写下最令你钦佩的他人的品质，就像马可在《沉思录》第一卷中所做的那样，或者在脑海中想象也可以。思索身边人的优点，也对改善与他们的关系有额外的帮助。此外，也要想想他人的优点如何影响你，你将如何从中学习受益？

最后，记住马可说过的，用感恩代替欲望。从某种意义上说，有所欲求是因为你没有这件东西，想拥有缺失的事物。另一方面，感恩就是想象失去你现有的东西：如果你不曾拥有它，会怎样？如果我们不偶尔想象一下，提醒自己如果没有我们所爱的东西和人，生活会是什么样子，我们会把他们视为理所当然。记录你所感激的人和事，关注你从他们身上学到的东西。正如马可所说，这样做很重要，能让你不会过度依恋外部事物。斯多葛学派通过提醒自己，外在的东西和他人并不完全受我们掌控，总有一天会消失，来避免这种情况。智者对生活给予他的馈赠心怀感激，但也会提醒自己它们只是暂时的——一切都在变化，没有什么是永恒的。爱比克泰德告诉斯多葛学派的学生们，想象他们是宴会上的客人，正在传递一个公共餐盘，我们不应该贪婪地独占它，狼吞虎咽，而应该礼貌地拿适量的食物，然后再把盘子传给其他人。这就是斯多葛学派对生活的观点：他们的目标是对外在的事物心存感激，而不是过度依恋。

我们已经提到斯多葛学派如何有志于以积极的方式找到幸福，即对拥有的东西充满感激，钦佩他人的力量，为自己能够以有尊严、高尚和正直的态度行事而自豪。另外，请记住，对斯多葛学派来说，一般意义的快乐和痛苦不好也不坏，是无关紧要的。他们主要关心的是避免成为享乐主义者,过分重视物质快乐,过度渴望并沉溺其中。对斯多葛学派来说,拥有爱好和适度的欲望,以及回避痛苦和不适都是很自然的,只要在合理的范围内。

我们可以遵循斯多葛学派留下的指导,用我提到的观点来控制现在的欲望。理性地评估某些习惯或欲望的后果,写下沉迷坏习惯及克服它的长期利弊。闭上眼睛,想象一个岔路口。尽量生动地描绘第一条路,即不健康的欲望通往的未来;然后想象另一条路,即理性、明智行事的未来。你可以将日常生活调整为之前提到的:

1. **早上冥想。**想想冉冉升起的太阳、星星和你在整个宇宙中的小空间。在脑海中预演当天的关键事件,想象苏格拉底、芝诺、马可或者你自己的榜样将如何处理习惯或欲望。想象一下你如何应对挑战,以及你可以使用的内在资源或美德。

2. **白天思考。**练习斯多葛学派的正念,找到你想要改变的习惯或欲望的早期预警迹象。努力及早发现它,并将其扼杀在萌芽状态。用斯多葛学派淡然的态度,停止不好的行为,忍耐不安的感觉。在思想中保持认知距离,不让自己意气用事。用积极的行为来替代坏习惯,这会让你有真正的成就感。如本章内容所述,你还可以把它写下来或计算出现的频率。

3. **睡前冥想。** 在一天结束时，回顾一下自己遵循价值观行事的表现如何——也就是美德的实践。关于欲望，想想你哪里做得好，哪里做得不好，明天会有什么改善。如果有帮助的话，想象自己在一个智慧的斯多葛导师，甚至一群圣人面前回答这些问题，思考他们会给你什么建议。用你学到的东西，来准备进行第二天早上的冥想。

我们将在下面的章节看到，你可以让自己适应斯多葛学派的日常生活，以及采用一些相同的技巧，以帮助应对生活中的其他挑战，比如痛苦、焦虑和愤怒。你可能由此学到一些相似的技巧，但可能方式略有不同。

第五章

迎难而上
如何忍受痛苦

如果你牢记痛苦的界限,不通过想象添加任何东西,痛苦既不是无法忍受的,也不是永恒的。如果我们把过去和未来搁置一边,而只孤立地关注当下,那么痛苦就会大大减少。

众所周知，马可皇帝患有慢性病，身体虚弱，但他却以非凡的坚韧人格而著称。历史学家卡修斯·迪奥写道：

> 可以肯定的是，他并没有展现出非凡的体能。然而，他却由一个身体非常虚弱的人，成长为一个耐力极强的人。[1]

如何解释这个看似矛盾的现象呢？一个如此体弱多病的人是如何以坚韧和耐力而著称？也许，答案就在于他对待疾病和痛苦的态度，以及他的斯多葛学派思考方式。

第一次马科曼尼战争爆发时，马可年近五十岁。按照罗马人的标准，他已是风烛残年。尽管如此，他还是披上战袍、穿上战靴、跨上战马，从罗马直接出发奔赴战争的前线。他在卡农顿的军事要塞，在阿尔卑斯山的山麓一侧，在多瑙河的沿岸（在今奥地利），度过了漫长的戎马生涯。卡修斯·迪奥说，起初马可身体羸弱，他几乎无法经受北方的严寒，也无法在罗马军团前发表演讲。对一个皇帝来说,那是一个危机四伏、让人心力交瘁的严酷环境。更糟糕的是,大量的士兵聚居在一起,极易引起瘟疫的爆发。马可引用了诗人欧里庇得斯的话,鼓舞自己把北方前线的艰辛置之度外:"这就是可恶的战争带来的必然恶果。"换句话说,这一切都在他的意料之中。

尽管体弱多病、环境恶劣,马可还是在多瑙河沿岸指挥作战数十年。在《沉思录》中,他感谢神明,让他虚弱的身体能够坚持这么长时间。[2] 他历经两次马科曼尼战争,并在安东尼瘟疫中幸存,活到将近六十岁。当时的罗马能活到这个岁数的人很少。虽然他长期饱受健康问题的折磨,但寿命却比同时代人都长。不过,突然由日常宫廷生活转向军旅生涯,对他来说肯定是一个巨大的身心挑战。因此,他的作品中经常流露出为应对身体问题而进行的心理斗争,也就显得不足为奇了。

他一生中大部分时间都在为迎接这场内心的斗争做准备。多年来,马可利用古代斯多葛主义的思考方式,逐渐学会了忍受痛苦和疾病。在战争期间写《沉思录》的过程中,作为他践行斯多葛哲学的一部分内容,他对这些技巧进行了深刻的反思。这些笔记反映了,通过三十多年严格的斯多葛主义训练,他的精神境界得到了提升。换句话说,在北方的戎马生涯中,他应对痛苦和疾病的态度并非出于天赋,而是他孜孜不倦的学习和实践的结果。

不过,《沉思录》并不是我们洞察马可思想的唯一途径。十九世纪早期意大利学者安吉洛·迈发现了拉丁修辞学家马可·科尼利厄斯·弗朗特和其他名人之间往来的珍贵书信,其中包括他的学生马可。我们不能确定每一封信的准确日期,但它们似乎跨越了马可和弗朗特保持友谊的整个时期,直到大约公元一六七年,弗朗特在安东尼瘟疫爆发高潮时去世。

这些书信之所以非比寻常,有几个原因。学者们第一次可以窥见马可的个人生活,并见证他的真实个性。与通常被夸张地描述成冷酷严肃的斯多葛学派的印象相差甚远,他对弗朗特和他的家人表现出了非凡的热情和关爱。他的写作风格恣意而幽默。例如,马可告诉弗朗特,有一次他微服私行,在乡下骑马,遇到一个牧羊人粗鲁地指责他的随从是一群流氓的时候,他骑马冲入羊群,开玩笑地散开羊群,以平息争吵。然而,牧羊人似乎并没有被逗乐,而是扔出棍子砸向他们,并在这帮逃窜的年轻人身后大喊大叫。很难想象,二十年后这位亲切随和的皇帝,在潘诺尼亚寒冷的阵地上,看着七零八落的残肢断臂,庄重地记录下他的斯多葛学派哲学沉思。

这些信件中,还有一些其他内容与《沉思录》形成鲜明对比:关于各种健康状况的家常闲话,有时甚至是随意抱怨。弗朗特比马可年长二十岁上下,特别喜欢向他的学生抱怨自己身体的七病八痛。有一次，弗朗特一一列出了夜里让他饱受疼痛折磨的身体部位，"我的肩膀、肘部、膝盖和脚踝"——他说这些痛苦甚至让他无法给马可写信。[3]

他在另一封信中写道：

> 自你离开后，我的膝盖就开始疼了，但是实在痛得很轻，我可以小心地走路，或者坐马车出行。今晚疼痛加剧，但还不至于无法忍受，我躺下时会好一些，我希望它不会变得更糟。[4]

有时马可也会和弗朗特闲聊自己的健康问题，如：

> 至于我目前的健康状况，你从我颤抖的笔迹中可以很容易地看出来。的确，我的体力已经开始恢复了，而且，胸部的疼痛也消失了，但是我又患上了气管溃疡。[5]

这是在马可即位之前写的一封信。这封信寄出时他大概四十岁，也许更早。那时他已经患上了这些病症，并在整个统治期间饱受折磨。然而，在这些信件中并没有提及斯多葛学派的心理应对技巧，我们可以在他十多年之后写下的《沉思录》里，找到更多的相关细节。

马可年轻时身体很健康，热衷于各种体育活动。在罗马，他身穿盔甲接受了作战训练，很可能使用钝器与角斗士进行格斗。他还喜欢打猎，酷爱骑在马背上刺杀野猪，也会用网和长矛去猎鸟。

所以，我们对马可年轻时的总体印象是一个体魄强壮的年轻人。然而，随着年龄增长到四五十岁，他的身体变得虚弱，这似乎也符合他留给后人的印象。例如，四世纪的朱利安皇帝描述，马可的皮肤看起来几乎是半透明的。马可甚至在一次演讲中，称自己是一个虚弱的老人，进食痛苦，夜不成眠。《沉思录》还提到他正在接受咳血和眩晕的治疗。[6] 他患有慢性胸痛和胃痛，只能在深夜里少量进食。学者们提供了不同诊断，最常见的结论是慢性胃溃疡，尽管他可能患有多种健康问题。

在罗马首次爆发瘟疫后，马可的宫廷医生盖伦给他开了一种古老的复合解毒剂，这是一种由许多珍奇成分制成的神秘混合药物，包括苦没药、发酵的毒蛇肉，以及少量鸦片等。马可认为服用常规剂量的解毒剂能缓解胃部、胸部的疼痛和其他症状。但是，因为这种药让他昏昏欲睡，有段时间他停药了。后来，他继续服用减少鸦片剂量的改良方。因此，他的服药方式审慎而温和。

无论如何，这种药物显然没有消除马可的疼痛和不适。像许多慢性疼痛患者一样，他必须寻求其他的解决途径。多年来，马可开始依靠斯多葛主义的心理技巧作为解决健康问题的生活方式，特别是在多瑙河指挥作战之后，他的身体每况愈下。在安东尼瘟疫的肆虐和马科曼尼战争的大屠杀中，他一定见证了无数人与自己的痛苦斗争。相比之下，总有些人处理得比其他人好。在他的一生中，向几位楷模学习如何忍受严重的痛苦和疾病，收获颇多。他运用斯多葛主义的视角来解释这种智慧，然后将其总结成《沉思录》。

与和弗朗特的往来书信形成鲜明对比的是，马可在《沉思录》中直言：对于自己这样的际遇，智者既不会悲观也不会抱怨。然而，当他写这些话的时候，当然不是指他的修辞学老师弗朗特和希罗德·阿提库斯，而可能想到的是他们的对手，他的哲学老师，以及那些教导他学习斯多葛主义，并为他树立情绪弹性的现实榜样的人。例如，卡尔西顿的阿珀洛尼厄斯与剧痛和久病缠身的斗争，给马可留下了终生难忘的印象。阿珀洛尼厄斯在一生中永远保持平和，百折不挠，始终致力于获得智慧并与他人分享智慧的人生目标。[7]

同时，克劳迪亚斯·马克西默斯，另一位斯多葛学派的导师，似乎给他留下了更深刻的印象。马可在《沉思录》中三次提到了马克西默斯的疾病和死亡。和阿珀洛尼厄斯一样，马克西默斯也不顾自己身患重病，坚定地致力于追求智慧。他不是一位像阿珀洛尼厄斯一样的斯多葛学派哲学老师，他是罗马的高级政治家和出色的军事指挥官，也是一个坚强的、极度自律的人，因忠于斯多葛主义而闻名——正如马可喜欢说的那样，他是那种自发正直的人，而不是被动正直的人。面对任何困境，他始终坚定、乐观。[8]公元一五八年，马克西默斯在元老院任命他为非洲总督后不久就病逝了，他的死亡似乎对马可影响深远。

　　实际上，马可将马克西默斯和安东尼相比。面对痛苦和疾病，两人都表现出了无可挑剔的人格，包括自律和耐力。安东尼非常注重自己的健康，所以在漫长的一生中，他很少需要医生的帮助。然而，他还是患有严重的头痛，随着年龄的增长，头痛加剧到让他无法承受，不得不用木夹板撑住上身以保持身体挺直。马可注意到，当剧烈的头痛消退，他的养父安东尼便重振旗鼓，立刻投入到皇帝的职责中。他没有浪费时间为疾病忧心忡忡，也没有因疼痛而止步不前。在马可写《沉思录》的过程中，回想起了十多年前安东尼逝世时平静的神情，他享年七十四岁。[9]安东尼和马克西默斯一样，总是对生活知足且常乐。据说，在他弥留之际，还用最后的力气对守卫低语了一个词："平和。"这也是他的性格和统治方式的标志。可以清楚地看到，通过学习这些榜样的人格，马可逐渐形成了自己对待痛苦和疾病的态度。也许他也不想变得像弗朗特和其他诡辩家一样，他们不断扩大抱怨，热衷于用夸张的修辞，把本来普通的不幸描绘成个人的悲剧。

第五章 迎难而上

虽然马可是斯多葛学派，但令人惊讶的是，在应对痛苦和疾病方面，他竟然从与之对立的伊壁鸠鲁学派中获得了灵感。伊壁鸠鲁派认为生活的目标是快乐。然而众所周知，他们以自相矛盾的方式来描述快乐，认为其主要是一种从痛苦和折磨中解脱出来的自由（心神安宁）。因此，尽量减少由疼痛和疾病造成的情绪困扰，对他们来说极为重要。

马可引用了一封据说是伊壁鸠鲁在大约五百年前写的信。我们从其他资料获知，伊壁鸠鲁患有严重的肾结石和痢疾，他最终因这些疾病而死亡：

> 我在病中的谈话从不涉及我身体的痛苦，我不对拜访我的人谈论这一话题，而是像之前一样继续讨论自然哲学的主要内容，尤其是这一点：即心灵是如何在意识到我们可怜的肉体处于不安时，却不受干扰，并保持着它特有的善的。我不允许医生做出一副庄严的神情，仿佛他们在做什么伟大的事情，但我的生命其实正一如既往地平静、幸福地进行着。[10]

和几十年前与弗朗特的通信对比，马可一定被这封信震撼了。就像我们大多数人一样，马可也曾对"身体的痛苦"有过喋喋不休和抱怨，那正是伊壁鸠鲁告诫要避免的。虽然健康状况不佳，但伊壁鸠鲁并没有抱怨，也没有沉溺于病痛。

事实上，他将疾病作为一个机会，当身体遭受严重的痛苦和不适时，他镇定自若地谈论如何让心灵保持平静，继续做喜欢的事情：和朋友们讨论哲学。

马可引用了这封信，告诫自己永远要像伊壁鸠鲁那样，即使面对疾病、痛苦或任何其他困难，也要始终专注于追求智慧。他说，这种忠告不仅存在于伊壁鸠鲁学派和斯多葛学派，其他哲学学派也很常见。我们始终主要关心的问题应该是，我们每时每刻在使用我们自己的思想。[11]

马可在《沉思录》中多次提及伊壁鸠鲁关于疼痛和疾病的教导。他特别喜欢伊壁鸠鲁的一句名言，其中包含了应对痛苦的基本教义。伊壁鸠鲁说："我们应该提醒自己，疼痛总是可以忍受的，因为它不是急性的就是慢性的，但绝不是两者兼而有之。"教会神父德尔图良巧妙地总结了这个观点，他说伊壁鸠鲁创造了格言："无视小痛，大痛易逝。"因此，你可以告诉自己，剧痛不会持续太久，或者如果疼痛是慢性的，你则可以忍受更加严重的疼痛。人们常反对这一点，说他们的疼痛既是慢性的，同时又很严重。然而，在《沉思录》中，马可引用了伊壁鸠鲁的名言："关于痛苦：那些让我们无法忍受的痛苦终究也会夺去我们的生命，而那些长期持续的痛苦是可以忍受的。"[12] 重点是说，那些无法忍受的慢性疼痛终究会杀死我们，所以，只要我们活着，就证明我们有能力承受更多。虽然这对一些人来说很难接受，但是它在过去数百年里启发、帮助了很多人。在我的网络课程的参与者中,有些常年饱受慢性疼痛折磨的人说,伊壁鸠鲁的格言让他们受益匪浅。我们必须坚持练习这种看待问题的方式,就像必须持续练习克服不健康的习惯和欲望一样。

为什么古人会发现这个特殊策略是应对病痛的有效方式呢?当人们陷入挣扎的时候,他们关注的焦点是已无力应对,并感觉问题正在失控:"我再也受不了了!"这是一种灾难化的表述方式:过于关注最坏的情况而不知所措。然而,伊壁鸠鲁的意思是,将注意力集中到你的疼痛极限,无论是持续时间还是严重程度,这样你就可以产生一种应对的心态,将减轻对病情的担忧,不被其他负面情绪所困扰。

马可还发现,认定疼痛只局限于身体的某个特定部位,而不是任由自己沉溺在痛苦遍布全身的假想中,这一点是很有用的。疼痛想要主宰你的思想,控制你的一切。然而,能妥善应对的人通常会客观地看待疼痛,因为其本质上是有限度的,只要客观地分析,人们就能知道可以通过各种方法应对。事实上,在《沉思录》中,马可为伊壁鸠鲁的观点加入了斯多葛学派的思考。"如果你牢记它的界限,也不通过想象添加任何东西,痛苦既不是无法忍受的,也不是永恒的。"[13]斯多葛学派善于吸收伊壁鸠鲁主义和其他哲学教导的某些方面,并稍加调整,使其更符合斯多葛学派的核心教义。马可认为疼痛是可以忍受的,我们只需谨记,对待疼痛的态度直接决定了我们沮丧的程度。让我们感到不安的不是疼痛也不是疾病，而是我们对它们的看法。这是斯多葛学派治疗疼痛的主要方法。

马可还指出，我们可以用类似的方式看待大多数其他类型的身体不适。他将应对疼痛，与应对进食困难和嗜睡相比较。我们知道这也是他本人的两个烦恼。他还提到了难熬的酷暑，让人想起了犬儒派忍受严寒酷暑的信念。当面对这些不适时，马可会简单地警告自己："你正在屈服于痛苦。"[14] 然后，他就会用同样的方法来应对，无论是在多瑙河沿岸的暴风雪中挣扎，还是从意大利北部阿奎莱亚的基地前往卡农顿军团要塞时持续数日的车马劳顿。疼痛、不适、疲劳——它们都只是不快的感觉。

他是对的。人们用来应对疼痛——甚至是剧痛——的方法与应对其他不适感觉的方法很相似。例如，在常规体育锻炼中，如慢跑或瑜伽，也有机会练习本质上相同的应对策略。在进行这类活动时，我们学会忍受合理的疲劳和不适感。冷水浴也能帮助我们练习忍受不适。如果我们掌握了这些策略，便可以应对剧痛或事故导致的严重伤害，即使在措手不及的时候。换句话说，日复一日坚持忍受轻微的身体不适，可以帮助我们培养长期的情绪弹性。可以将其称为"压力疫苗"：主动承受某些类型相似的压力，即使这种压力更温和且轻微，也可以加强我们对更严重痛苦的抵抗力。

第五章 迎难而上

随着时间推移，马可观察到他周围的许多人受到各种疾病的折磨，也以不同的方式面对死亡。他还从斯多葛学派的老师那里学到了具体的应对策略和方法。事实上，马可在《沉思录》里描述了几种不同的应对疼痛和疾病的斯多葛学派方法。通过观察那些应对得当的人，他发现最重要的是善于从身体感觉中将思想"撤出"或"分离"。我们前面已经介绍了这种被称为认知距离的斯多葛学派方法。它需要学会从不悦的感觉中去掉价值判断，把这些感觉视为无关紧要的，既不好也不坏，无伤大碍。当然，这需要我们持续实践并加强对这一概念的理解。

通过研究斯多葛学派爱比克泰德的学说，马可找到了一种方法将这种强大的技巧理论化。关于斯多葛学派的忍耐力，爱比克泰德的经历是最著名的故事之一。他最初是一个奴隶，后来归尼禄皇帝的文书厄帕洛狄托所有。据教父奥利金说，一天，厄帕洛狄托愤怒地抓住他，凶残地扭扯他的腿。爱比克泰德始终保持镇定，没有任何反应。他只是警告他的主人骨头要断了。厄帕洛狄托毫不理会，继续扭扯，结果他的腿真的断了。爱比克泰德并没有埋怨，而是不动声色地回应，说："瞧，我不是告诉过你它会断吗？"

爱比克泰德在《论说集》间接提到了他的跛脚，但从未谈及原因。相反，他以自己的残疾为例教导学生如何应对疾病。他说疾病只是我们身体的一种障碍，而非意志自由的障碍，除非自己作茧自缚。他说，跛足是腿部的障碍，但不是心灵的障碍。[15]爱比克泰德没有对他残废的腿感到烦恼，就像他无法插翅飞翔一样——他只是将它看作生活中众多不受控制的事情之一。他将自己的跛行视为培养智慧和人格的机会。也许他的主人后悔了，后来，他获得了自由，并开始教授哲学。无论如何，这个故事有力地说明了斯多葛学派对身体疼痛的不以为然。如果这个故事是真的，相信马可肯定听说过。

如何忍受痛苦

我们自然地就会认为痛苦本质上是坏的，但斯多葛学派采用了一系列论据说服他们的追随者，痛苦和快乐是中立的。例如，一种说明如何忽视痛苦的方法指出，就像对待其他外因一样，对待痛苦的方式不同，结果就会不同。运动员可以学会忍受极限体力消耗带来的痛苦和不适。在这种情况下，通过剧烈运动，故意让自己经历痛苦，或者至少让自己感觉不舒服，可能是大有裨益的，因为这样有助于增强耐力。当然，那些逃避不适感的人一定会逃避剧烈运动。在生活中，如果痛苦和不适能让我们变得更好，它们就可以成为有利因素。某些特殊情况，许多人也会无视痛苦——比如为了保命而受伤。换句话说，痛苦只是一种感觉，最重要的是我们如何应对它。

在《论说集》中，爱比克泰德多次教导他的学生如何应对痛苦和疾病。和之前的伊壁鸠鲁一样，他认为抱怨和喋喋不休只会让问题变得更糟，更重要的是还有损我们的人格。马可也同意抱怨对心灵无益："不要同他人一起哭泣，不要情绪动荡。"[16] 现代认知治疗师同样发现，当人们对自己说"我没办法了！"时，痛苦也会加剧。当他们开始更理性客观地看待事物，并知晓还有许多处理方式，或过去曾经面对类似的情况，就不会那么痛苦了。在某种程度上，这也是对如何描述痛苦的一种观察。我们应该提醒自己不要说"这是无法忍受的"这样的话，因为夸大感觉只会加剧绝望。

爱比克泰德告诉他的学生们，头疼是一回事，耳朵疼是另一回事，他们不应该只因为耳朵疼就夸张地说："我的头疼——唉！"不要将痛苦暗示为某种灾难。他解释说，这并不是否认他们有叹息的权利，只是不应该在内心深处认为自己受到了伤害。不要因为奴隶为他们包扎绷带时慢了一步，就大哭折磨自己，抱怨："每个人都讨厌我！"（"谁不讨厌这样的人呢？"爱比克泰德讽刺地补充道。）他总结了自己实用的建议，告诉学生怎样应对烦心事或不快的感觉，你只需说：这对我来说无所谓。也许这样说有些夸张，如果可能，斯多葛学派仍然"更愿意"避免疼痛和疾病。然而，一旦木已成舟，他们就会淡然地接受现实。

除了伊壁鸠鲁的格言，马可还提到了斯多葛学派刻意漠然地忍受痛苦和疾病，这些方法大多受爱比克泰德《论说集》的影响。

1. 将你的思维与感觉分离，即"认知距离"，提醒自己，让我们不安的不是事物或感觉，而是对它们的看法。
2. 请记住，对疼痛的恐惧比疼痛本身更有害，或者使用其他功能分析法，衡量恐惧和接受疼痛的后果。
3. 客观看待身体的感觉（客观表现），而不是用带有强烈感情色彩的话语描述。（"我的额头发紧"和"我感觉快疼死了——好像大象一直踩我的头！"。）
4. 将感觉分析成细小的元素，尽可能精确地限制在身体的特定部位。运用我们前一章提到的拆解分析，让有害的欲望和渴望减弱。（说"我的耳朵感到一阵阵刺痛"，而不是说"我痛不欲生"。）
5. 认清感觉是有时限的、变化的、短暂的，或想想它们的无常性。（"这种感觉一次只持续几秒钟，然后逐渐消失；可能在几天后便会彻底消失。"）如果你有像牙痛这样的问题，多年后你就会忘记它；如果你有慢性病，如坐骨神经痛，你知道它是时重时轻。将注意力集中在它终将结束上，感觉就会有所不同。

6. 放下与感觉的斗争，接受它是自然的，无关紧要的，这就是所谓的"斯多葛式的接受"。这并不意味着不采取措施来缓解，比如使用药物来减轻疼痛，但你必须学会接受痛苦，不抱怨，内心不挣扎。
7. 提醒自己，大自然赋予了你勇气和克服痛苦的耐力，我们欣赏具有这些美德的人，这一点已经在关于思考并效仿美德的一章讲过。

接下来，我们将依次探讨这些方法。

认知距离

爱比克泰德和马可提到的最重要的疼痛治疗法，我们称之为"认知距离"。用一句熟悉的话来总结："让我们不安的不是事件本身，而是对它们的看法。"[17] 如果把它应用到处理疼痛上，就意味着不是疼痛让我们不安，而是对它的看法。当我们不再对疼痛进行价值判断时，痛苦就减轻了。在任何情况下，我们都能做到这一点——这取决于在身体感觉上投入的关注。

马可将停止价值判断描述为将思想从痛苦和疾病中"撤出""分离"或"净化"。他还喜欢将停止判断解释为让痛苦和舒适留在原地，留在其所属的某个身体部位。作为思想最亲密的伙伴——肉体，即使"被割伤或烫伤，化脓或腐烂"，只要我们不去评判身体感觉本质上的好坏，就可以将支配能力保持在一种平静的状态。[18]

马可还称，这是"对无关紧要的事物采取淡然的态度"。[19]就此，他有一段特别重要的章节，阐述了斯多葛学派心理学的微妙之处。[20]我们应当保持思想的支配能力不受外物干扰，包括痛苦和舒适的感觉。他说，这意味着不要将身体和思想融为一体，而是在思想外围画一条线，标出边界，把身体的感觉隔开。另一方面，当我们允许自己对痛苦等外在感觉做出强烈的价值判断时，会将思想与感觉混为一谈，并最终在痛苦中迷失。

值得注意的是，马可并不是让我们否认痛苦（或快乐）是生活的一部分，即使对斯多葛学派智者来说也是如此。他指出，痛苦和快乐的感觉会不可避免地进入我们的意识，因为心灵和身体之间自然会同步。他强调，你不应该试图抑制这些感觉，因为它是自然而然的；你也不应该判断它们是好是坏，有益或有害。这种微妙的平衡，正是现代正念和基于接受的认知疗法的核心观点，它教导患者不要抑制不愉快的感觉，但也不用为此烦恼。相反，你应该学会接受，并与之保持认知距离。

对马可来说，关键是不再把痛苦和疾病看成是一种伤害。这些判断取决于我们自己，它们会向外投射到身体的感觉和其他外在事物上。重要的是要记住，我们的目标决定了某件事的利弊。大多数人认为他们对生活目标的假设是理所当然的,以致于他们很少意识到这一点。如果我想有英俊的长相,那么如果我摔破了鼻子,就一定会认为这阻止了目标实现。但如果我最看重的目标是活着,而在一次死里逃生时摔破了鼻子,我就不会在意。斯多葛学派想让我们的潜在价值观经历一场彻底的剧变,让最高目标转变为拥有智慧及伴随智慧的美德。他们要求用超然的态度对待身体上的疼痛和伤害。事实上,这些不幸甚至可以为我们提供一个锻炼的机会,以获得更多智慧和更优秀的人格。马可告诉自己:

摒弃了评判,"我受到了伤害"这一看法就消失了;摒弃了这个观念,伤害本身也就消失了。[21]

那么,斯多葛学派难道真的不关心身体健康吗?并非如此。他们只是把它归类为更无关紧要的事情。对我们来说,想健康不想生病是很自然合理的。身体健康为我们提供了更多的机会来锻炼意志,也对生活中的外在事物有影响。健康本身并无真正的好坏,而更像是一个机会。一个愚蠢的人可能会因沉溺于恶习,而浪费了健康带来的优势;相反,一个聪明善良的人也许会利用健康和疾病作为培养美德的机会。如果我们假设爱比克泰德腿断的事促使他最终走上成为伟大哲学家的道路,那么他是否真的受到了"伤害"?他会说,归根到底，真正要紧的是对人格造成的伤害。相比之下，一条残缺的腿是微不足道的。

如果我们能学会不去评判痛苦是可怕的还是有害的，就可以摘下它骇人的面具，它就不再令我们害怕了。[22] 由此，可以得出客观的结论：我们的肉体只是受到了一些刺激，正如爱比克泰德常说的那样。这只是一种感觉。然而，由于我们认为痛苦在本质上是坏的、无法忍受的或灾难性的，我们就把身体上疼痛的感觉升级成了内在的情感痛苦。例如，马可曾在别处提到他的感觉和身体感知，说道：

> 我以神灵之名恳求你离去吧，你确实来了，但我不需要你。你是按老办法来的，我不生你的气，只要你离开。[23]

他对痛苦说"我不生你的气"，因为他并不认为它是不好的或有害的。自古以来，痛苦的感觉就经由身体感知进入大脑，这是人类与动物共有的自然生理过程。讽刺的是，你不需要试图压抑或抵制不快的感觉，只要摒弃认为其有害的看法就好。如果你淡然处之并学会接受痛苦，它们就不会伤害你。当意识或支配能力过多关注身体的感觉，两者就会被混为一谈，让你如提线木偶一般被操控。[24] 然而，你内心有战胜身体感觉的潜力，并能刻意地漠视它。

功能分析

一旦你保持认知距离,就能更好地思考价值判断的后果(即"功能分析")。鉴于痛苦来自负面的价值判断,斯多葛学派说,惧怕痛苦对我们的伤害远超痛苦本身,因为它有损人格。相比之下,如果你学会淡然处之,痛苦就是无害的。爱比克泰德曾简而言之:"死亡或痛苦并不可怕,可怕的是对痛苦或死亡的恐惧。"[25] 如我们今天所说,要过充实的生活,必须走出你的舒适圈。对痛苦的恐惧使所有人都变得懦弱,并使生活圈子受限。

如果我们想改变一种行为,重要的是深刻理解它的后果。例如,晕血可能会妨碍某人进行必要的医学检查——甚至对一些女性的分娩造成影响。事实上,大多数人都在不同程度地害怕痛苦和疾病。认识到对疼痛的恐惧比其本身的影响更大,可以激励你开始定期练习克服疼痛和不适的心理学方法。

客观描述

马可还学会将外在事件和身体感觉描述为一种自然的过程,并采用了客观表现的语言。如前所述,我们可以将其与医生用中立和客观的方式记录病人症状做对比。爱比克泰德和马可都是这样应对的,把痛苦和不快的感觉描述为只是身体的不适和躁动不安。

这样的思想触及事物本身，直击它们的核心，让我们能够看清它们的真实面目。[26]

这就好像我们在描述另外一个人的问题：更客观且超然。例如，我可能对自己说"牙医正在治疗唐纳德的牙齿"，这样就可以从第三人称的角度平心静气地思考。

拆解分析

马可还告诉自己，要避免过度担忧未来或反思过去。当我们把注意力集中在当下，就更容易克服现实困难。客观地看待事物，把当下分离出来并划分为更小的部分，采用我们称为"拆解分析"的方法逐一解决每个问题。例如，马可说，我们应该想想眼前的每个困难，"其中有什么是难以忍受或忍无可忍的？"[27]的确，马可指出，如果我们把过去和未来搁置一边，而只孤立地关注当下，那么痛苦就会大大减少。

这种分而治之的策略，仍然被用于现代认知行为疗法，来减轻不快的感觉。患者会被鼓励关注当下，一步一步解决他们的困难。在这一点上，斯多葛学派与现代学者的"俯瞰观点"相通，即从高处掌握当前的处境，将自己作为地球上整个生命，甚至是整个时空的一分子。一种方法是将困难分为更小的部分，另一种方法则是想象整个存在，以及事件在整个存在中的微小位置,这两种策略都可以帮助我们以更中立的态度看待外部事件,例如疼痛和疾病。[28]

思考有限性和无常性

用客观的语言描述痛苦的感觉或疾病的症状,按组成部分来分析,我们可以将它们限制在身体的特定位置。马可不断提醒自己,痛苦和舒适都仅限于其所在的身体部位——换句话说,想一想与意识的广阔相比,感觉是多么渺小。因此,他学会了与痛苦保持距离,就让它"留在原地"。

马可说,如果有必要,让身体受影响的部位抱怨。大脑不需要附和,也不要去评判这种感觉是否糟糕且有害。[29] 把身体上的疼痛想象成一只愤怒的狗在叫;不要因为自己的痛苦而开始和狗一起吠叫。你能够将这种感觉视为属于身体的,并将其限制在特定位置。你可以选择远离这种感觉,而不是千思万虑后与它相融。

> 思想可以通过退出来保持宁静,支配它的能力也并不因此变化;至于被痛苦伤害的部分,如果可以的话,就让它们倾诉吧。[30]

现代的治疗师也用这种方式帮助患者将痛苦具象化。他们把痛苦看作是一个任意形状或颜色,比如一个黑色的圆圈。

这种被称为"实体化"感觉的方法，就是置身事外，用心灵之眼想象痛苦存在于身体的特定位置。你甚至可以想象自己透过玻璃窗观察身体疼痛或其他疾病症状，从而将身体与思想分开。想象疼痛暂时离开身体，躲在房间的一角。

除了将不快的感觉局限于不适的身体部位，马可经常提醒自己思考它们的持续时间，并认为其在时间和空间上都是有限的。他常采用这种方法应对外在事件，特别是疼痛和疾病。这类似于伊壁鸠鲁的建议，即将注意力放在急性疼痛只是暂时的这一点。你可能听过亚伯拉罕·林肯曾引用过一句波斯谚语："一切都会过去。"这句话也表达了相似的意思。我们还可以提醒自己，以往有多少不快的感觉都消散了，以此强调它们的短暂性。

这种思考方式能够鼓励斯多葛学派超然的态度，是马可最喜欢的方法之一。把事物看作是变化的，就像一条河流，有助于我们减弱对它们的情感依恋。有时，马可会进一步提醒自己生命的短暂——他的死亡。他说，如果谨记我们关注痛苦的时间有限，就会对它更加漠视，因为人生苦短，转瞬即逝。[31]

斯多葛式的接纳

爱比克泰德还说，我们应该积极地接受遭遇的一切疾病和痛苦（"斯多葛式的接纳"）。他说，如果脚有自己的思想，我们每迈出一步,它们都心甘情愿地踏入泥泞,将其看作必要的自然功能。[32] 这让人想起早期斯多葛学派对狗和马车的比喻:被拴在一辆前进的马车上的狗,要么被拉住它的皮带粗暴地拖着走,要么接受命运,跟着马车奔跑。事实上,斯多葛学派对人类自然目标最早的定义之一,就是自然地生活,摆脱不必要的斗争。完全接受不快感觉的观点,也同样成为现代认知行为疗法的核心。当我们与之抗争时,痛苦就会加剧。如果我们能接受这种感觉并放松下来,甚至欢迎它,负担反而会减轻。努力抑制、控制或消除不愉快的感觉,只会让痛苦加重了一层,而且常常适得其反,让最初的问题变得更糟。

实际上,马可把自然想象成一个医生,就像药神阿斯克勒庇俄斯一样,把艰难困苦当作是治疗痛苦的良方。[33] 正确服下自然的药方,我们必须接受自己的命运,用勇气和自律来应对,从而完善人格。所以,马可把自愿接受苦难看作冲动的心理治疗法。当它们来临时,我们必须吞下命运的苦药,接受痛苦以及其他不适的疾病症状。

正如我们所知,斯多葛学派在这方面受到早期犬儒派苦行的影响。为了强大的心理耐力,他们可以忍受各种苦难,比如严寒酷暑。接受苦难的矛盾之处在于,它反而能减少痛苦。犬儒派的第欧根尼教导我们,应该像对待野狗一样对待痛苦。如果仓惶逃跑,它们就会紧追不放,撕咬我们的脚后跟;但如果我们勇敢、冷静地转身面对,野狗就会退缩。

玻里斯提尼斯河的比翁说，这就像一个人抓住一头野兽时会被咬；如果你抓住一条蛇的身体，你就会被咬，但如果抓住它的头，就会化险为夷。同样，他说，外物带来的痛苦取决于你如何理解它们，如果像苏格拉底那样，就不会感到痛苦。但如果用其他方式处理，你就会受苦，原因不在于事情本身，而在于你的人格和错误的看法。[34]

然而，大多数普通人不愿直面命运，而是转身逃跑，以至于糊里糊涂地被命运袭击。

诡辩家迪奥·克瑞索托师从伟大的斯多葛老师穆索尼乌斯·鲁弗斯，他把犬儒派信徒比作一个拳击手。如果做好心理准备并能漠然接受挨打，他的表现会更好；反之，如果他慌张地退缩，将输得更惨。克瑞索托还把忍受痛苦比作踩灭火堆——如果小心翼翼地踩，更有可能被烧伤，不如自信地踩。他说，孩子们如果动作足够敏捷且自信，甚至能玩一种用舌头熄灭火苗的游戏。今天，我们用"迎难而上"来说明要主动面对困难并接受它，如果犹犹豫豫地小心接近，伤害更大。（如果你碰到荨麻，就会被刺伤；但如果用正确的方式紧紧抓住荨麻，把尖刺压倒，就能避免受伤。）平静地迎难而上，而不是抗争、怨恨或抱怨，自然可以学会如何减少痛苦。

犬儒派和斯多葛主义者提出了一种应对痛苦和其他不快感觉的方法,即主动接受它们,这一观点领先了数千年。长期以来,这种主动接受的方法一直是现代疼痛治疗方案的一部分。近几十年来,它已经成为许多治疗师处理此类问题的核心。分散注意力有时对短暂的(急性)疼痛有效,如外科手术或牙疼,但在应对慢性疼痛时,回避策略往往会适得其反。就像斯多葛学派所说的追马车的狗,除了直面痛苦,我们别无选择。然而,你可以选择粗暴地努力与它抗争,还是平静地接受。大多数人发现,接受痛苦会大大减少它带来的情感上的折磨。与痛苦做斗争,试图抑制或逃避只会浪费时间和精力,限制你的行为,妨碍你继续做其他事情——所以,在这种情况下,接受痛苦可以避免生活质量降低。此外,在某些情况下,接受身体的感觉可以让人自然地适应痛苦,减少对痛苦的关注,痛苦的感觉甚至因此开始减弱。

因此,重要的是避免与痛苦或身体不适做太多无谓的对抗。现代心理学中大量证据表明,对抗痛苦只会适得其反。研究人员把这种控制或避免不快感觉的冲动称为"经验性回避",事实证明其有损心理健康。有些人坚信不快的感觉是不好的,并试图在思想上抑制它。但这往往会让自己更紧张,总是专注于试图避免它们的感觉,最终让自己陷入恶性循环。对斯多葛学派来说,痛苦是"无关紧要"的,而不是一件坏事,它被认为是一个自然的过程。在一段生动的描写中,马可告诉自己抱怨是徒劳无益的，就像在祭祀中乱踢乱叫，挣扎着想跑掉的小猪。[35] 与我们无法控制的事情作对是弊大于利的。

思考美德

爱比克泰德有一篇题为"我们应该如何忍受病痛"的文章。他认为，痛苦和疾病是不可避免的，就像生活中的其他事一样。即使在疾病和痛苦中也存在相关的美德，我们有能力去践行它们。

如果你经历过发烧，你就拥有了一个发烧者的一切。什么叫动心忍性？不要责怪任何人，不要为发生的事情而饱受煎熬，要高尚地期待死亡，做你该做的事情：当医生进来时，不要为他说的话感到害怕；即使他说"一切都很好"，也不要欣喜若狂。[36]

爱比克泰德常告诉学生，他们应该养成习惯，自问拥有什么能力或美德，以便更好地利用发生的每件事。同样，认知治疗师会问来访的患者："有什么办法可以帮助你缓解痛苦吗？"例如，如果我们面临严重的痛苦，就会发现大自然已经赋予了我们忍耐力。养成运用这种美德的习惯，就不会再被痛苦控制。[37]

另一种应对痛苦的有效方法则是问问自己，如果有人经历相似的痛苦或疾病，他们会用哪些更令人钦佩的美德应对（树立榜样），我们会称赞他们哪些优点呢？然后想想如果我们也模仿这些优点或美德，又能做到什么程度。

和爱比克泰德一样，马可经常强调，许多普通人为了达成贪婪、炫耀财物等世俗的目标，能表现出极大的勇气和严格的自律。

> 没有什么事情是一个人生来就不可忍受的。同样的事情也会发生在另一个人身上，要么是因为他没有意识到，要么是因为他展现出一种强大的精神力量，让他立场坚定，不受影响。无知和自负比智慧更强大，这不奇怪吗？[38]

马可提醒自己，为了利益或是责任，可以把在生活中遭遇的一切解释成可以忍受的。当我们必须忍受某件事时，它就变得容易多了。正如尼采所说，"知生命之意者，可承生命之重"。[39] 如果我们确信疼痛不会造成伤害，或者专注于某个目标，那么忍受痛苦会更加容易。拳击手们毫无怨言地用拳头赢得比赛。他们的能力让哲学家们羞愧，尽管后者认为自己追求的东西更重要：对智慧的热爱。然而，通过观察他人，我们可以学到只要有足够的动力，任何人都能忍受巨大的痛苦和艰辛。

早期心理治疗中的斯多葛主义

你已经了解了马可所说的斯多葛学派应对疼痛和疾病的方法，与现代认知行为疗法中的一些方法相似。然而，在二十世纪初，早在认知行为疗法之前，就有另一种"理性"或"认知"的心理疗法，与弗洛伊德的精神分析相对抗，但现在基本上被遗忘了。瑞士精神病学家和神经病理学家保罗·迪布瓦，《精神神经综合症及其道德治疗》（1904年）一书的作者，是"理性心理疗法"的主要支持者。迪布瓦认为，心理问题主要是消极的思考引起的，就像消极的自我暗示。他支持一种基于"苏格拉底对话"实践的治疗，通过这种做法试图理性地说服病人放弃导致各种神经质和身心疾病的不健康的想法。从迪布瓦的零星引用中，可以明显看出古代斯多葛学派的影响。

> 如果我们从古代著作中剔除一些具有地方特色的典故，我们就会发现苏格拉底、爱比克泰德、塞涅卡和马可的思想完全是现代的，同时也适用于我们的时代。[40]

迪布瓦特别感兴趣的，是如何运用斯多葛主义来帮助心理治疗患者应对慢性疼痛和其他身心症状。

这个想法并不新鲜；斯多葛学派已经把这种对痛苦和不幸的抵抗推向了极致。下面几行塞涅卡的话语，似乎来自一篇关于心理治疗的现代论文："当心抱怨加重你的苦恼，让你的处境更糟。当你的观点不再夸大其词，悲伤就是微乎其微的；当一个人鼓励自己说'无所谓'，或者，'这微不足道，让我们试着忍受它，它终会结束'，人们相信这些，就不会那么悲伤。"他还进一步说："一个人越是相信自己不幸，他就越是不幸。"可以说，只有当他自以为感到痛苦时，才会痛苦。[41]

迪布瓦引用了塞涅卡的文字，认为耐心和接纳有助于我们应对和避免身体疾病的加剧。他还引用了塞涅卡的话，说生病期间，斯多葛哲学理论给了他安慰，并像灵丹妙药一样升华他的灵魂，让他体魄强健。

然而，迪布瓦的书中最引人注目和令人难忘的段落之一，是一个病人对他讲述的有关斯多葛学派的事情：

我试着向一个年轻人灌输一些对待疾病的斯多葛主义原则,我刚开口,他就打断了我,说:"医生,我明白了,我来说给你听。"他拿起铅笔,在一张纸上画了一个大黑点。

他说:"这个就代表一般意义上的疾病,也就是身体上的问题——风湿病、牙痛,或者是精神上的苦恼——悲伤、沮丧、忧郁。如果我关注并接受这种苦恼,我就已经在黑点的边缘画了一个圆圈,它就变大了。如果我武断地加大这个圆,那么我就陷进去了。我沉溺于痛苦,寻找办法摆脱它,这个点只会变得更大。如果我专注于它、担心后果、悲观地看待未来,我已经把原来的点放大了一倍或三倍。"然后,他指着圆圈的中心点,让麻烦变成最简单的形式。他笑着说:"我让他保持原样,不是更好吗?"

塞涅卡写道:"一个人会夸大、想象和预见痛苦。"很长一段时间以来,我一直告诉那些灰心丧气的病人,并对自己反复说:"不要让我们沉溺于悲伤,这样只会带来第二个悲伤的故事。"[42]

迪布瓦补充道,这个圆点图说明"知道如何承受痛苦的人,痛苦更少"。当我们能够客观地审视时,身体的疼痛或疾病的负担都是微乎其微的。我们不要在原点外画同心圆了,因为节外生枝的恐惧和担忧只会增加痛苦。

到马可写《沉思录》的时候,他对痛苦的认知,和他与弗朗特互相抱怨时有了很大的改变。根据斯多葛学派的说法,我们对疼痛或不适的第一反应可能是自然且合理的,但随着时间的推移,通过抱怨来增加、延续痛苦,就是不自然且不合理的。动物们会因痛苦而尖叫,并舔舐伤口,但几周之后,它们就不会反刍这种痛苦,也不会给朋友写信,抱怨它们睡得有多糟糕。马可已经学会了适当地承受痛苦,从而减少痛苦,正如迪布瓦所说的那样。在第一次马科曼尼战争中,他一定就是这样应对慢性疼痛和疾病的,在那场战争中,他带领罗马取得了最终的胜利。

第六章

内在城堡
如何战胜恐惧

从本质上说,保留条款是在采取行动的同时,冷静地接受结果并不完全在你的掌控之下,即"做你必须做的,让可能发生的发生"。马可说,如果你不谨记保留条款,那么任何失败都会立即化为邪恶或痛苦的潜在来源。

又是一次伏击！一波又一波的萨尔马提亚骑兵冲出多瑙河对岸的丛林，与迎面而来的罗马军团交战。骑兵发起典型的钳形攻势，从侧翼包抄围困那些在冰封河面中央的杀戮区里束手无策的罗马士兵。马可和他的将军静静地看着眼前的一切。这些野蛮人总是定期偷偷溜过标志着前线的河流，袭击潘诺尼亚省定居点。罗马人了解到，敌方骑兵在回程中携带着战利品更易受攻击，因此趁机追赶他们过河，希望在敌人回到自己土地放慢脚步时，将其一举擒获。然而，这些偷袭者却把罗马人引入了陷阱。

当罗马人意识到敌军的伏击愈演愈烈时，步兵部队采取了一种被称为"空心广场"的标准防御阵型。军官和轻装甲部队站在内部，四面由军团士兵保护。他们的矩形盾牌紧紧组合在一起，形成一面防护墙。萨尔马提亚人深谙这种战术。只要罗马军队保持阵型，这种战术就有效，但如果骑兵成功地冲锋突破阵型，罗马士兵便会陷入混乱，直至溃败。这就是萨尔马提亚人把罗马军团引诱到河上的原因：他们的战马经过训练，能在冰面上自由猛冲，当他们的长矛刺向罗马士兵形成防御墙的盾牌时，罗马士兵会失去平衡滑倒，像保龄球一样翻滚。

萨尔马提亚人是神秘而令人生畏的敌人，他们实际上是游牧部落的自由联盟，由部落中最好战的雅济吉斯部的首领——班达斯普斯国王领导。萨尔马提亚人通常身材高大，肌肉发达，长着凶狠的蓝眼睛和长长的橙红色头发，蓄着胡须。他们的骑兵身披马蹄雕刻而成的鳞甲冲锋陷阵。这种异乎寻常的盔甲让罗马人想起了巨蟒的皮肤，甚至联想到龙的形象。据说，那些雅济吉斯人非常崇拜火。他们头戴大头盔，手持巨型木制长矛作战，长矛末端是锋利的骨头。然而，最令罗马人震惊的是，当他们从被杀的萨尔马提亚人尸体上取下头盔时，发现许多战士都是女性。

成百上千的萨尔马提亚骑兵冲过冰封的多瑙河，那一定是个恐怖的场景。马可回忆起了他年轻时学过的斯多葛原则，他已经学会了平静地注视着杀气腾腾的战士和战场上的血腥屠杀。当看到第一波长矛兵撞击罗马士兵的盾牌时，他慢慢地深吸了一口气。几乎同时，他的将军，也是他的女婿克劳迪亚斯·庞培亚努斯转头对他微笑，显然这一次他们的计划奏效了：这一次，萨尔马提亚人大惊失色，当他们的长矛击中盾牌，却只是划过表面，罗马军团依然完美地保持着队形，毫发无伤。马可的步兵学到了一个新窍门，矩形阵内部的士兵把盾牌放在冰面上，紧紧地抓住盾牌。组成外墙的士兵用后脚抵住战友的盾牌。目前为止的实验已经证明，这十分稳定，足以对抗敌人长矛的攻击。

当萨尔马提亚骑兵因冲锋失败而震惊不已时，罗马人的反击以迅雷不及掩耳之势展开。有些散兵从军团士兵的盾牌间冲了进来。罗马人立刻抓住马的缰绳，用尽全力把马拉倒，马侧滑倒在冰面上，同时把骑手也摔下马。罗马军团从盾牌墙后面用长矛刺向萨尔马提亚人。冰上很快尸堆如山，血流成河。剩下的野蛮人挣扎着想要站稳脚跟。由于陷入冰面的战斗，他们无法逃回森林的安全地带，只能落入军团布下的罗网，厮杀场面混乱不堪。不久，所有人都滑倒了，双方陷入混战，罗马士兵在血腥的冰面上与萨尔马提亚人搏斗。然而，马可的军团士兵接受过摔跤训练。如果一个萨尔马提亚人将罗马士兵击倒，躺在冰面上的罗马人就会把压在身上的敌人拽开，然后用双腿把他踢开，摔到地上，调换双方的位置。萨尔马提亚人没有任何近身格斗的训练经验，对罗马军团的战术改变措手不及，最终被彻底击溃。

马可成功地扭转了伏击的战局，给了班达斯普斯国王一次沉重的打击。在经历了最初的几次挫败之后，现在战争开始转向有利于罗马的趋势。萨尔马提亚人再也不能利用地形占据优势了。显然，对罗马人来说，自愿踏入敌人的埋伏是一种危险的策略。它需要严明的纪律和周密的准备——军团在冬季的几个月里进行了秘密训练,最终派上了用场。他们面对最可怕的敌人,在混战中保持勇气,从失败的险境中夺取了胜利。

如何战胜恐惧

爱比克泰德教导他的学生把斯多葛哲学看作是手杖——赫尔墨斯的魔杖:每一次不幸都因它的触碰而变成好事。[1] 马可已经学会并精通这种思维。斯多葛学派平静地设想每天发生的不同类型的不幸,将其作为冥想训练的一部分,学习以相对漠然的态度看待它们。事实上,把可怕的灾难想象成真实发生的,可以看作是一种情感上的战斗演习,一种未雨绸缪的思考方式。斯多葛学派会在心里演练用智慧和美德应对这些事件的方法,尽可能地将障碍变成机会。接受恐惧的结果,使我们更有可能创造性地将明显的挫折转化为优势,就像罗马人在多瑙河战斗中所做的那样。这些萨尔马提亚人的伏击,最初对罗马人来说一定是场军事灾难。如果他们找到机会解决致命的陷阱,是不是就可以转败为胜呢?挡在路上的障碍,最终变成了出路。

斯多葛学派的领袖们更容易得到这样的机会,因为他们经受过训练,不惧怕那些表面上的不幸。正如罗马诗人所说,好运偏爱勇者。然而，对于斯多葛学派来说，最高的目标是即使面对巨大的危险，也要保持冷静，践行智慧，无论结果如何。当马可开始对事情感到沮丧时，他告诉自己，永远铭记"这不是厄运，勇敢地忍受就是一种好运"。公元一六九年卢基乌斯突然去世，马可出人意料地独自指挥聚集在多瑙河的军队，出征第一次马科曼尼战争。在五十多岁的年纪，马可没有任何军事经验，但指挥着罗马前线集结的最大规模的军队，大约十四万人的军团在等待着他的命令，不知道对他有什么期望，这一切压力确实令人生畏。然而，他完全适应了新角色，并把它变成了一个坚定的斯多葛学派信徒验证哲学的机会。

毫无疑问，他始终冒着生命危险驻扎在前线。战争爆发时，潘诺尼亚完全被马科曼尼的年轻国王巴洛马尔率领的庞大联军占领。巴洛马尔秘密地召集了许多较小的部落结盟参与战争，同时他也得到了马科曼尼人强大的邻居——夸迪人的强悍军队的支持。在卡农顿战役中，罗马军队惨败，据说最多的一天有两万士兵阵亡，其中，包括禁卫军长官弗瑞乌斯·维克托里尼乌斯。尽管如此，马可一直坚守前线。《沉思录》中，他生动地描述了战争中那些被切断的手、脚和头如何离开身体、散落一地。[2] 他特别指出书中所做的记录是在前线的主要军事堡垒卡农顿，以及"在拉努瓦河上，四周被夸迪人包围"，这表明他已深入向东挺进，后来越过敌方领土中的多瑙河。

尽管当时危机四伏，令人惊讶的是，马可在《沉思录》中却只字未提对战争的恐惧。他天生是个忧国忧民的人，潜心致力于国家事务，常常通宵达旦工作。不过，当把自己的哲学思考写下来时，他似乎已经成为一个更加冷静和自信的人了。也许他的导师朱尼厄斯·拉斯蒂克斯去世之后，他加倍努力吸收斯多葛主义，促成了他的转变。当他到达卡农顿指挥军团时，他的身体非常虚弱，军事上更是个绝对的新手，未来的篡位者阿维狄乌斯·卡西乌斯曾嘲笑他是一个哲学家"老妇人"。每个人都在质疑马可是否能胜任对如此庞大的罗马军队的领导。然而，他的斯多葛主义实践，以及与马科曼尼人、夸迪人和萨尔马提亚人长期艰苦卓绝的战争，都在慢慢塑造他的人格。七年后，我们知道他已经成为坚强的老兵，而北方军团已经懂得敬畏他们的新指挥官，对马可忠心耿耿。

士兵们坚信神明站在他们的皇帝一边，他们甚至把两个传说中的战场奇迹都归功于马可·奥勒留的现身。第一次被称为"雷霆奇迹"，发生在公元一七四年，当时军队宣称马可的祈祷召唤了一道闪电，摧毁了萨尔马提亚人使用的攻城武器。一个月后，公元一七四年七月，据说马可带来了"暴雨奇迹"，一支由佩蒂纳克斯率领的雷霆军团的小分队发现自己被围困，敌我众寡悬殊，而且他们极度缺水。根据另一种说法，马可举起他的手祈祷："我用这只从未杀生之手，向你祈祷,向造物主表达我的崇拜。"(那肯定是斯多葛学派的宙斯,尽管后来基督徒谬称马可在向他们的上帝祈祷。)就在这时,一场暴雨随之而来,据说罗马人用头盔盛雨水,混着伤口上流出的血一起喝下,然后继续投入战斗。如我们所见,马可并不迷信。然而,军团却坚信他受到了众神的祝福,并称赞他是带领罗马走向胜利的指挥官。当他逝世时,士兵们放声痛哭。

斯多葛学派的保留条款

那么,马可是如何克服军事经验的缺乏,成为如此卓越的军事领袖呢?面对强大的敌人,以及不确定的危险,他如何保持镇定?他使用的最重要的斯多葛学派方法之一被称为"保留条款",这是他在《沉思录》中至少提到了五次的术语。这个想法可以追溯到早期的斯多葛学派,马可从爱比克泰德的《论说集》中学会了如何运用"保留条款"谨慎行事。[3] 从本质上说,在采取行动的同时,要冷静地接受结果并不完全在你的掌控之下。我们从塞涅卡以及其他人那里了解到,"保留条款"可以采取告诫的形式,如"命运允许""上帝愿意"或"如果没有什么能阻止我"。这意味着一个人在采取行动的同时,要排除一些东西:对最终结果的假设,尤其是对成功的期望。顺便说一句,我们说"保留条款",是因为我们的期望是在控制范围内有所保留的,我们追求的是"有保留"的外在结果,结果并不完全取决于我们。有句格言说:"做你必须做的,让可能发生的发生。"

在西塞罗的《论善恶之极》中,罗马斯多葛英雄尤蒂卡的卡托使用了令人难忘的弓箭手或长矛兵的形象来解释这个精妙的概念。具有斯多葛哲学思想的弓箭手的真正目标,应该是熟练地拉动他的弓,只有这件事在他的能力范围内。然而,自相矛盾的是,他不关心箭是否真的击中了目标,他控制着自己的目标,而不是箭的飞行。所以他会尽其所能接受接下来发生的一切。目标——可能是他正在猎杀的动物——会出人意料地移动。马可年轻时在猎鸟和野猪时,很可能就想到过这个比方。美德在于尽力而为,然而如果你空手而归,也不必沮丧——我们钦佩以这种方式看待生活的人。

马可明确表示,他的内在目标是与美德共存,特别是智慧和正义,但他的外在目标中,首要的是人类的共同福利(不仅仅是他的罗马臣民)。尽管斯多葛学派对最终结果毫不关心,但正是追求共同利益的行为构成了正义的美德。事实上,在你造福他人的努力中,无论成败,只要努力是真诚的,你仍然是有德行的。无论是在道德上还是在心理上,最重要的是你的意图。然而,你必须把目标瞄准一个适当的结果。例如,按照正义行事,意味着你更想促成一个对人类公平且有益的外在结果。马可在《沉思录》中无数次地提到了这一点。

事实上，其他哲学学派建议他们的学生保持平和，远离社会生活的压力和责任。但克利西波斯告诉斯多葛学派的学生，如果没有阻扰，智者应该参与政治。换句话说，只要有能力，智者渴望将智慧和正义运用在社会领域，以成就有德行之事。不过，他也承认这种行为的结果不受自己直接控制，不能保证会成功地造福同胞，但无论如何，他还是会尽力而为。从某种意义上说，斯多葛学派做到了二者兼得：保持情感上的超然，同时在世界上有所作为。就像卡托的弓箭手，他的目标是在可控范围内尽其所能，但是对结果不太在意。我们也可以想象马可在指挥北方的军团时，可能会对自己说："如果命运允许，我将镇压马科曼尼人，保护罗马。"

后来，基督徒在他们的书信末尾写"D.V."（Deo benevolent，"愿承天意"），穆斯林同样也说"但凭天意"。在《新约》中，对这种情绪有非常清晰的描述：

> 听着，你会说："今天或明天我们要去某个城市，在那里住一年，继续做生意赚钱。"为什么？你甚至都不知道明天会怎样。你的生活是什么？你不过是一团薄雾，稍纵即逝。相反，你应该说，"如果这是上帝的旨意，我们将活着，做这个或那个。"[4]

马可·奥勒留的那番话显然是指斯多葛学派的宙斯。这提醒我们,生活中没有确定的事。除了自己的意愿,没有什么完全受你所控。接受这一点,提前做好准备,以平和的心态迎接成功或失败,可以帮助你在事情未能如你所愿时不愤怒、惊讶或沮丧,也可以让你不再杞人忧天,自然把注意力集中在最重要的事情上。斯多葛学派认为,个人的判断和行为是唯一有好坏之分的事情。这样做一定会将人的关注点转移到现在,并减少对过去和未来的情感投入。忧心忡忡的人总想得太远,而未来是充满悬念的;相反地,斯多葛学派的圣人永远扎根于此时此地。

马可用烈焰来形容智者如何依照保留条款行事。想象一场猛烈的大火,吞噬周围的一切。同样地,圣人按照保留条款行事,就会毫不犹豫地适应发生在他身上的任何事情。无论成功还是失败,他们都会充分利用自己的经验。只要斯多葛学派给欲望加上"命运允许"的附加条件,他们的阻碍就只来自外部,而不是内部。例如,当人们不同意马可的看法时,他首先试图说服异己者从他的角度来看待事情。然而,如果人们坚持反对马可认可的行动方针,马可会冷静地把这种困难转变为实践美德的机会,如耐心、克制或理解。只要他从不追求超出掌控范围的事物,内心就波澜不惊。这构成了斯多葛学派治疗忧虑和焦虑的理论基础之一。[5]

事实上,马可甚至说,如果你不谨记保留条款,那么任何失败都会立即化为邪恶或痛苦的潜在来源。相反,如果你接受这是必然的结果，且不受你的直接控制，就不会遭受伤害或挫折。通过这种方式，心灵能从焦虑中解脱，保持自然的平和，就像前苏格拉底哲学家恩培多克勒所描述的神圣领域，"圆满而真实"，既没有火也没有钢，没有暴君和公众的谴责。[6] 诗人贺拉斯也运用这种纯粹领域的意象来描述斯多葛学派的理想，即智者是自己的主人，不畏贫穷、束缚或死亡，且克制冲动，蔑视权力地位。一个人"自成一体，光滑圆润，不让外部的元素附着在他光滑的表面上，当受到命运的攻击时，依然毫发未伤。"[7] 不幸在他的心中没有立足之地，因为他对外物保持着超然的态度，不会为其赋予任何内在价值。我们也可以将其简单地描述为对行为的结果"采取一种哲学态度"：接受任何发生的事情，对即将可能发生的事保持镇定。

逆境预设

如果每一项行动都依据保留条款，接受失败的可能性，那么我们应该预见到可能降临到我们身上的一系列挫折。事实上，斯多葛学派拓展了这种方法，耐心地想象出每种类型的不幸，一次一种，仿佛它已经发生。他们会想象背井离乡、贫困潦倒、失去至亲，或身患重病。正如我们所知，更进一步预见自己的死亡是斯多葛主义中特殊的一部分。反复让自己承受少量的压力，从而找到一种更普遍的对抗情绪障碍的方法，这在行为心理学中被称为"压力疫苗"。像给自己接种疫苗以对抗病毒一样，这类似于我们了解的建立情绪弹性。

塞涅卡称这种方法为"逆境预设"。在《沉思录》中，有关这种预见冥想方法有个最明显的例子，马可描述了他的部分晨间日常——预测各种困难，来为新的一天做准备。其他斯多葛学派关注疾病、贫困、流放等，马可显然更关注的是人际关系问题，如不诚实、忘恩负义或背叛。他想象会遇到各种难以相处的人，以使自己习惯于应付他们。

> 一日之始就对自己说，我将遇到好管闲事的人、忘恩负义的人、傲慢的人、欺诈的人、嫉妒的人和孤僻的人。[8]

我们很容易看出这段话与他皇帝身份的关系。在元老院，马可当然也有敌人，这一派系反对他的军事政策及后来的一场全面内战。他说，在宫廷里，他身边有许多价值观不同，对他怀有敌意的人，有些人甚至希望他死。其实，马科曼尼战争本身就是一场背叛和欺骗。马科曼尼的国王巴洛马尔是罗马的盟友。然而多年来，他一直密谋向意大利内部发动突袭，将战火蔓延至罗马深处。他在安东尼瘟疫肆虐最严重时乘虚而入，而当时的罗马人实力薄弱，常驻扎在多瑙河沿岸的军队也正在从帕提亚战争返回的路上。此时挑起战争，可谓背信弃义。所以，当读到《沉思录》里这个著名的章节时，我们应该知道，马可用斯多葛主义武装自己，不仅冷静地解决琐碎的麻烦，还处理重大政治和军事危机，甚至改变了欧洲历史。蛮族千军万马的铁蹄正穿过意大利，一路抢劫掳掠，这个消息使整个罗马陷入了恐慌。但马可却平静而自信地做出回应。他运用了斯多葛学派逆境预设的方法，遇到让他人胆战心惊的困难时，他已做好准备，临危不惧。

逆境预设可以让人直面愤怒和其他负面情绪，特别适合治疗恐惧和焦虑。斯多葛学派将恐惧定义为对坏事即将发生的设想，这与现代认知疗法的创始人亚伦·T. 贝克最初提出的定义几乎相同。恐惧本质上是一种以未来为中心的情感，所以我们自然认为，通过预设处理有关未来的事，便能消除恐惧。通过斯多葛学派的逆境预设来预防压力和焦虑，是增强情绪弹性的最有效的方法之一。心理学家称之为长期承受压力而不被击垮的能力。

伊索寓言《野猪和狐狸》讲的就是逆境预设。一天，一只狐狸穿过树林，发现一头野猪在树桩上磨獠牙。狐狸觉得这很滑稽，并取笑野猪杞人忧天。当他笑够了，停下来问野猪："你这个傻瓜何必如此激动？这里又没有危险！"野猪笑着说："没错，但如果有一天我真的听到猎人来了，再去准备战斗就太晚了。"这个故事的寓意是说，如果我们想保护自己，即使在和平时期也要时刻为战争做好准备。同样，斯多葛学派利用闲暇时刻做好准备，以便在逆境中保持冷静。

情感习惯

当然，我们并不总能预知在生活中将面临哪些挑战。不过，你可以提前训练自己应对足够多的困难来增强情绪弹性，这正是斯多葛学派的逆境预设法要做的。在现代心理治疗研究领域中，最确凿的发现之一，就是在正常情况下，长期暴露于恐惧环境，焦虑往往会自然减轻。自二十世纪五十年代以来，这一直是恐惧症治疗的基础，也是其他更复杂的焦虑症现代治疗方案中不可或缺的一部分，如创伤后应激障碍（PTSD）和强迫症（OCD）。

例如，让有严重的猫恐惧症的人和几只猫共处一室，他们的心率会上升，在数秒钟内可能翻倍。但是接下来会发生什么呢？心率一定会下降。如果他们继续留在房间里，除了等待什么也不做，焦虑通常会随时间推移而逐渐减轻。这可能只需要五分钟、半小时或更长时间。大多数情况下，他们的心率最终会下降，直到接近正常的静息水平。如果第二天再把他们和猫一起放在一个房间里，心率会再次回升，但不像之前那么高，而且会更快恢复正常。如果连续几天重复，他们对猫就会有"情感习惯"，焦虑程度会长期保持在正常范围内，或可以忽略。

伊索的另一个寓言《狐狸和狮子》很好地阐述了这个久为人知的基本道理。一天，狐狸在树林里散步，发现了一头狮子——她从未见过这样的动物。她吓呆了，停下脚步从远处看了看，然后偷偷离开了。第二天，她回到原地，又看见了狮子，但她比上次靠得更近一些，在灌木丛后面躲了一会儿才逃走。第三天，狐狸回来了。但这一次，她鼓起勇气径直走到狮子跟前打招呼，并且和狮子成为了朋友。这个故事的寓意是：熟悉不会使人蔑视，而会让人放松。在正常情况下，我们可以预见，反复经历焦虑之后，焦虑会自然减轻。

然而，斯多葛学派的著作里没有明确指出的是，为了完全习惯焦虑，那些有恐惧症的人必须比正常人经历更长的训练时间。事实上，如果过早终止暴露训练，可能会适得其反，让恐惧症患者更焦虑、敏感。因此，将斯多葛学派的建议与我们的临床研究成果进行对比，是很重要的。

当引发焦虑的诱因实际存在时，暴露疗法效果最好，就像上面例子里提到的猫，治疗师称之为生物体间或"真实世界"暴露。然而，在大多数情况下，当威胁仅仅是人们的臆想时，焦虑也几乎同样可能成为习惯，这被称为非生物体间或"想象"暴露。斯多葛学派意识到，想象中的事件会导致情感习惯化，从而使焦虑自然减轻。他们建议定期描述灾难性事件，我们称之为逆境预设，这本质上就是一种暴露在想象中的疗法。伊索寓言《狐狸和狮子》表明，人们早就了解这一现象。在被现代行为治疗师发现之前，过去的两千年里人们已经运用哲学进行心理治疗了，这相当伟大。

然而，就想象暴露来说，保持足够长时间的想象，需要相当的耐心和专注力，特别是在没有治疗师指导下进行的自主练习。许多人发现，将引发焦虑的情况想象成一个短片或一系列事件会很有帮助，它有开始、过程和结尾，持续大约一分钟左右。然后，他们可以在脑海中重复播放同样的场景，持续五到十五分钟，甚至更长的时间。例如，一个担心失去工作的人，可能会想象自己被叫到老板办公室，被告知他已被解雇或被裁，被要求收拾东西离开，等等。他们会把这想象成一部短片，反复循环播放。如前所述，虽然这种练习实际所需的时间各不相同，但在结束前，焦虑应该至少减少到初始水平的一半。如果失败了，那么最重要的原因是，人们在情绪没来得及习惯之前，就终止了这种暴露练习。换句话说，耐心是必需的条件。

治疗师通常会要求患者给焦虑水平分级，描述一个场景，按照从 0 到 10 打分或按百分比计算。然后，患者在重复想象暴露的过程中，每隔几分钟就重新评估他们的焦虑，直到它完全减轻。例如，猫恐惧症患者可以耐心地想象一遍又一遍抚摸猫，直到焦虑感从 80% 减少到 40% 以下，如果可能的话甚至更低（100% 是他们所能想象到的最严重的焦虑，0% 是没有焦虑）。注意，重要的是要强调，我们应该谨慎地想象令人不安的事，特别是对于那些患有精神健康问题或容易情绪崩溃的人（比如恐慌症发作的患者）。当你单独练习时，不要选择一个你解决不了的事件，比如被性侵的创伤性记忆——这需要一个职业心理治疗师的支持。不过，大多数人都能够安全地想象普通的恐惧和焦虑。

自发的心理变化

情绪习惯是在想象暴露中最重要的过程，如逆境预设。然而，当我们耐心地反复想象压力事件时，可以启动大量其他有益的心理学疗法。接受治疗的患者以这种方式对情绪状况进行心理评估，可能出现以下一种或多种变化：

1. 情绪习惯。如上所述，焦虑或其他感觉随着时间的推移而自然减轻，并通过暴露在恐惧环境下逐渐变得麻木。
2. 情绪接纳。逐渐减少与痛苦或焦虑等不快感觉的对抗，淡然处之，并学会与它们共存——说起来有点矛盾，但这通常会大大缓解情绪问题。
3. 认知距离。逐渐以超然的态度看待思想和信念：注意到让我们不安的不是事情本身，而是我们对事情的看法。
4. 去灾难化。逐渐重新评估事情的严重程度，或再想想它能有多糟糕，从"如果这真的发生了怎么办？我该如何应对呢？"，到"发生了又怎么样？这又不是世界末日。"

5. 现实测试。重新评估对情况的假设,使它们更加现实和客观。例如重新评估最坏情况发生的可能性,或者假设不好的事情已经发生了。

6. 解决问题。反复回顾一个事件,会引导我们创造性地想出一些解决问题的答案——也许就像马可和将军们想到的那个看似矛盾的策略,故意率领军团被萨尔马提亚人伏击,给敌人布下陷阱。

7. 行为预演。当我们练习时,对自己应对能力的感知度会有所提高。在脑海中以越来越精细的方式运用技巧和应对策略——例如,在心里预演如何自信地回击不公平的批评,直到在现实中更有信心这样做。我们可以学习榜样,效仿他们令人钦佩并值得学习的做法——想象他们会怎么做,然后设想自己也这样做。

我发现,告诉患者其他人也经历了这些变化是有帮助的,这样可以让变化过程在患者脑海中更具象化,更有可能自然改变。当然,我们也可以通过使用各种心理疗法来有意识地利用这些心理机制。例如,除了对逆境的预设,马可还提到他重复实践两个极其重要的斯多葛学派练习,类似于现代心理疗法中的认知距离和去灾难化。对此,我们已详述过,现在准备思考它们在解决担忧和焦虑中的作用。

内心城堡

虽然马可很少明确提到焦虑,但他经常谈到斯多葛主义让他平和,显然暗示了斯多葛学派的焦虑疗法。安东尼死后,在马可统治早期,他去过几次意大利的别墅休息,让自己从帕提亚战争和治理国家的忧虑中暂时解脱。我们从他给弗朗特的信中可以看出,他一直因为度假浪费了工作时间而纠结。即使朋友们建议他静养有益于健康,但他始终觉得自己应当励精图治,不断工作。

马可在马可曼尼战争期间撰写《沉思录》的时候,那些悠然的静养已成为过去,他的余生都在远离罗马的前线度过了。马可发现自己依然渴望着他美丽的度假别墅,比如安东尼在意大利海岸洛里姆的家,马可在那里度过了他大部分的青春时光。他说,有时像其他人一样,他有一种强烈的欲望想要远离琐碎政务,到宁静的乡村、海滨或高山中隐居。[9]但是,他告诉自己,以这种方式逃离生活的压力是一种懦弱的表现。这可能是斯多葛学派所说的"偏好淡然",逃避不是我们生活中需要的,也不是我们真正所需的应对方法——这种对逃避压力的依赖只会产生新的问题。马可告诉自己,他并不需要真正地摆脱这一切,因为真正的内心平静来自我们的思想,而不是令人心旷神怡的自然环境。他告诉自己,韧性来自恢复镇静的能力,无论他身在何地。这时他可以归隐

"内心城堡",即使身在北方战役寒冷的战场上。

马可曾特意多次以隐居深山做类比。他提醒自己,在哪里做什么都没有区别;他的生命是短暂的,他应该学会"生活在山巅",无论周遭环境如何。事实上,那些每一件让我们烦恼的事情,即使在山顶、海边或其他任何地方都是一样的——重要的是如何看待它。[10] 即使遭到异议,即使身体遭受病痛折磨,斯多葛学派都可以在内心找到满足和快乐。因为无论在哪里,我们的判断仍然是自由的,它们是我们激情的源泉。

为了达到这种内心的平和,马可告诉自己不要频繁到山顶或者海边隐居,而是让自己的理性凌驾外物之上,摆脱对它们的依恋。他相信,为了确实有效做到这一点,他必须反思两个简单的斯多葛学派基本原则[11]:

1. 我们所看到的一切都在变化,很快就会消逝。应该记住有多少事情已经随时间发生了变化,就像溪水不断流淌——我们可以称之为观无常。
2. 外在的事物不能触及灵魂,我们的烦恼都来自内心。马可的意思是,让我们不安的不是事情本身,而是我们对它的看法。保持认知距离,将价值观与外在事件分离,我们就可以恢复平和。

换句话说，即使在混乱的战场、喧嚣的元老院中，正如苏格拉底所说，只要保持内心井然有序，我们就能够获得安宁。马可也许引用了前人的话，把它浓缩成一句话：这世界一直在改变，而我们的人生是由对世界的看法所创造。

与焦虑保持认知距离

保持平静的两种基本方法中，第二种是我们熟悉的认知距离。我们可以用它来处理现实的情况，或用在之前所述的逆境预设或想象暴露的方法。虽然我们知道，通过反复暴露，人会自然习惯焦虑，斯多葛学派在频繁预设的过程中大概也观察到了这一点，但他们的真正目标是改变对外在事物的看法，而不仅仅是感觉。

从某种意义上说，保持认知距离是斯多葛学派焦虑管理中最重要的方面。这就是马可所说的"我们的人生是由对世界的看法所创造"：生活质量是由价值判断决定的，它塑造了我们的情感。当我们刻意提醒自己，把价值观投射到外在事物上会让人不安，我们便懂得了保持认知距离，进而恢复了精神上的平静。

去灾难化及观无常

马可说的实现平静的第一个基本技巧与去灾难化有关，或者学习将威胁的感知从"彻底的灾难"降低到更现实的程度。再强调一次,在逆境预设的过程中,去灾难化可以应用于现实和想象的情况。例如,假设你为一个重要考试感到焦虑,觉得不及格就是世界末日,是一场彻底的灾难。去灾难化意味着以更平衡的态度重新评估情况,这样事情就没有那么难以承受,你才能找到潜在的处理方法。以一种更温和、更现实的方式来看待事物会减少焦虑。你可能会经历挫折,但如果说这就是世界末日,未免夸大其词了。

事实上,大多数人发现,如果先写下对场景的描述,然后再回顾,就更容易将场景可视化。比如,你写下一页有关失业的事:起因是什么,被告知坏消息,失业的直接后果等。人们会发现,在想象之前大声朗读几次内容,有助于清楚地描述细节,并更生动地描绘这件事。和平常一样,去掉情绪化的语言很重要("他们把我当垃圾一样对待,把我从背后扔了出去。"),也不要做出价值判断("这完全不公平!")。只要尽可能准确、客观地描述事实即可。

多问自己几次"下一步该怎么办?",可以把注意力转移到这一事件中最令人沮丧的部分,并揭开看起来糟糕的表象。例如,失业后会发生什么?有段时间可能会很艰难,但最终你会找到别的工作,生活会继续。另一个简单而有效的方法是问自己,在十年或二十年后,你会怎么看待此刻担忧的事情?这是一种更常用的"时间投射"方法。换句话说,你可以自问"如果二十年后我觉得这微不足道,那为什么觉得这是世界末日,不把它看作不值一提的事呢?"以此来让自己学会如何用哲学的态度对待逆境。你会发现,转换时间视角,可以改变对挫折的感受,让它看起来不那么糟糕。

延迟焦虑

近几十年来,研究人员和临床医生对过度担忧是如何导致焦虑的有了更好的理解。他们所说的"担忧"是指非常具体的东西:一种表现出特定思维方式的焦虑过程。焦虑思维是持续性的——绵绵不绝。关于灾难性的想法总是涉及"如果":"如果他们气极了,把我辞退了怎么办?如果我找不到新工作怎么办?我该怎么支付孩子的大学学费呢?"人们常常感觉这些问题似乎无法回答。因为一个问题会引发另一个问题,形成连锁反应,持续不断,加剧焦虑。严重的担忧往往会让人感觉失控。但令人惊讶的是,这实际上是一种相对有意识的精神内耗,是一种自主的思考方式。人们有时甚至没有意识到,除了担忧,他们什么也没做。人们可能会将这种担忧和解决问题相混淆,相信自己是在试图"找出解决方案",但实际上他们只是在兜圈子,让焦虑越来越严重。

讽刺的是,那些与焦虑做斗争的人总是想努力控制情绪非自主的部分,而忽视了自主部分。我们已经讨论过斯多葛学派是如何认识到人最初的情绪反应通常是无意识的。我们应该接受这种反应是自然而然的,淡然处之,心甘情愿地接纳,而不是试图压制它们。另一方面,我们应该学会中止自主的想法,以回应最初的感觉以及触发这些感觉的情况。出乎意料的是,在焦虑时,我们只要注意到自己在焦虑,就会让焦虑停下来。

焦虑心理学的主要研究人员之一,托马斯·D.博尔科韦茨,对"延迟焦虑"进行了开创性的研究。在四个星期之内,他让一群大学生记下开始担心某事的时间,并用延迟焦虑法将焦虑推迟到当天晚些时候固定的"担忧时间"。用这种简单的方法,他们担忧的时间能够减少几乎一半,其他焦虑症状也减少了。现在,延迟焦虑是针对大多数广泛性焦虑障碍(GAD)的认知行为疗法的核心组成部分,这是一种以严重的病理性担忧为特征的精神疾病。[12] 然而,我们也可以用同样的方法来解决日常担忧,就像以上研究案例中的学生一样。

延迟焦虑的步骤建立在你熟悉的理论框架上:

1. 自我监控:经常留意担忧的早期预警迹象,比如皱眉或坐立不安——这种意识本身就会打破担忧的习惯。

2. 如果你不能用斯多葛学派的方法立刻解决焦虑,那就推迟思考,直到感觉自然减弱,在你选择的特定"担忧时间"思考这个问题。

3. 暂时先放下这些想法,而不是主动抑制它们——相反,只要告诉自己,暂时搁置一旁,然后在特定的时间和地点再去处理。保持认知距离对此会有所帮助。你也可以在纸上写下一两个字来提醒自己所担心的事情,然后把它叠起来放进口袋,以便稍后解决。

4. 把注意力转移到此时此地,通过身体和周围事物扩展你的意识,并试着留意以前忽视的小细节。焦虑只是一味在追赶未来的灾难,忽视当下。因此我们要扎根在此时此地:"丢掉思想包袱,恢复你的理智!"

5. 再回来处理烦恼时,如果它已不再重要,就不要管它。如果还需处理,可以用想象暴露或逆境预设的方法,想象让你焦虑的最坏的情况或可怕的后果。

6. 用认知距离法告诉自己:"让我不安的不是事情本身,而是对它的看法。"你也可以将其去灾难化,用客观的而非情绪化的语言或进行价值判断。自问"接下来会怎样",来提醒自己一切都是暂时的,并思考随着时间推移,事情将如何发展。

斯多葛学派告诉我们,要时刻注意自己的行为,注意那些突然进入意识中的令人不安的感觉、无意识的想法或想象。我们不能随波逐流,被它们裹挟而感到焦虑。应该告诉自己,这些只是想法,根本不代表什么。这样我们能够保持认知距离,并晚一些再评价它们,直到有更好的心态来处理。克利西波斯曾说,随着时间的推移,情绪会平和下来,随着理性回归，找到正常运作的空间，就会使冲动的非理性本质暴露出来。

在这一章中，我们研究了斯多葛学派应对担忧和焦虑的方式，重点是其保留条款和逆境预设。我们在前几章中提到的许多其他方法对于解决焦虑都行之有效，但马可特别提到了两种技巧，让我们关注焦虑的短暂性：认知距离和去灾难化。我们还研究了现代已被验证的延迟焦虑的方法，与古代斯多葛学派所讲的应对方法类似。

事实上，斯多葛主义提供了一些克服恐惧和焦虑的强大方法，它们与现代认知行为疗法研究证实的方法类似。立足于当下，在刚开始焦虑时就自觉，并与其保持认知距离，这些都是健康有效的应对方式。我们也可以利用情绪习惯的自然过程，用足够的耐心在想象中持续面对恐惧，以减轻焦虑。这是斯多葛学派逆境预设方法的效果。我们也可以通过使用去灾难化的言辞，用客观冷静的语言来描述可怕的事件，停下让你徒增烦恼的价值判断。

经过几十年斯多葛学派的训练，马可能够平静、自信地保卫帝国。罗马的大多数人陷入了极度恐慌，他们担心野蛮部落从北方入侵意大利，灾难来临。作为皇帝，马可面临着一个又一个挫折，他有时会感到力不从心。然而，面对困境，他平静地坚持了下来。慢慢地，在他信任的将军庞培亚努斯和佩蒂纳克斯的支持下，马可开始在北方部落战争中占据上风。

更加好战的赞提克斯开始取代了雅济吉斯部的班达斯普斯国王,但战事逐渐对他不利,赞提克斯终于在公元一七五年六月投降求和。不久之后,马可被授予萨尔玛提库斯的头衔——萨尔马提亚人的征服者。据记载,有十万名罗马囚犯在胜利后获释。马可在意大利重新安置了成千上万的日耳曼部落的男女,而非杀死或奴役他们。然而,仅仅安置可不是习惯游牧且好战的萨尔马提亚人的最好选择。马可征召了他们中的八千名骑兵加入罗马军队,组成了一支精锐的预备骑兵部队,其中大部分被派往大不列颠的罗马要塞驻防。他在笔记中写道,那些以捕获萨尔马提亚人为荣的人,视俘虏为落网之鱼,他们的行为并不比小偷或强盗好多少。[13]

然而,马可不得不匆忙收尾第一次马科曼尼战争,并随后与萨尔马提亚人进行和平谈判,因为一个更大的威胁突然逼近。马可在第一次马科曼尼战争中磨练出来的斯多葛学派原则将再次经受考验,因为在遥远的东方,一个对手把他的目标押在了罗马帝国的皇位上,这只意味着一件事:内战威胁到帝国,可能导致罗马分崩离析。

第七章

短暂的疯狂

如何战胜愤怒

最初的愤怒情绪是我们无法控制的,斯多葛学派称之为原始冲动。马可说,是否坚持愤怒取决于你。我们不能控制最初的反应,但可以控制对它的回应:重要的不是发生了什么,而是接下来你要做什么。

公元175年5月，一名慌张的信使将信递给罗马的叙利亚军团指挥官、东部各省总督盖乌斯·阿维狄乌斯·卡西乌斯。信里只有一个希腊词："emanes"（"你疯了"——你已失去理智）。

卡西乌斯大怒，把信撕成了碎片。他可不是个好惹的人。事实上他的残暴早已臭名昭著，他最喜欢的刑罚之一是把十个人拴在一起，让他们淹死在河中央。有传言说，他曾把几十个敌人绑在一根近二百英尺高的杆子上点燃，以便方圆数英里内，他们的同胞能看到他们被活活烧死。即使以罗马军队严酷的标准来看，这也被认为是极其残忍的。他对自己的军队要求也同样严格，有时到了野蛮的地步。他砍掉逃兵的手，或摔断他们的腿和髋骨，让他们变成残废，在痛苦中生活下去，以此警告其他人不要违背他的命令。然而，卡西乌斯也是一位杰出的军事英雄。在罗马军队中，他是仅次于皇帝的第二大军事统帅。换句话说，他可以说是整个帝国中第二位最有权势的人。

第七章 短暂的疯狂

卡西乌斯对军队的铁腕统治是出了名的,这使他成为罗马不可或缺的人。马可和卡西乌斯一直是家人、朋友,尽管有传言说卡西乌斯在背后批评皇帝。但是,马可告诉他的朝臣:"不可能让人完全符合其他人的意愿;我们只能按照他们的本性,做到人尽其才。"他的宽容和仁慈与卡西乌斯的严酷形成了鲜明的对比。尽管性格完全对立,马可仍然信任身为将军的卡西乌斯。在帕提亚战争期间,当卢基乌斯·维鲁斯在远离战场的安全驻地里放纵自己的恶习时,卡西乌斯却取得了一场又一场惊人的胜利,他锲而不舍深入帕提亚领土追捕沃洛加西斯国王。他很快晋升为卢基乌斯的副指挥官。然而,在战争快结束时,他纵容手下洗劫了底格里斯河上的泰西封和塞琉西亚,据说在那里,他们感染了瘟疫。返回的军队又把瘟疫带回了各省的军团基地,并从那里扩散开来,导致瘟疫肆虐整个帝国。然而,卡西乌斯却因将帕提亚人赶出叙利亚而得到了奖励,最后被任命为省长的帝国使节(拥有最高统帅权的总督),他可以直接对皇帝负责。几年后,在公元一六九年,卢基乌斯皇帝早逝,留下了一个等待填补的权力空缺,这让卡西乌斯蠢蠢欲动。

公元一七二年,马可参加第一次马科曼尼战争时,在北部边境,有一个来自亚历山大港附近的尼罗河三角洲西北地区,叫布科利的部落发动了一场反抗罗马当局的叛乱。在十万火急的情况下,马可·奥勒留派遣卡西乌斯和他的两个叙利亚军团进入埃及,这意味着他必须被授予帝国军事权力,即马可不在时,卡西乌斯行使对军团同等的最高军事权力。埃及人已经承担了因马可北方战争所需资金而增加的苛捐杂税。结果,越来越多的埃及人被逼加入了土匪,最终出于绝望,组建了一支叛军,叛乱者由一位极具人格魅力的年轻武士祭司伊西多鲁斯领导。其中几个男人乔装打扮成女人,走近一位驻军的罗马百夫长,假装他们要为被俘虏的丈夫支付黄金赎金。他们趁机袭击了这个百夫长,俘虏并杀害了另一名军官。据说在他们举行吞噬内脏的仪式之前,对血腥的内脏进行了宣誓。这一恐怖行为迅速传遍了埃及,随后引发了一场大规模的起义。

布科利人迅速获得了其他部落的支持,包围并袭击了亚历山大港。当埃及军团在一场激战中与部落成员对峙时,庞大的罗马军队遭受了耻辱性的失败。布科利人和盟军包围亚历山大港数月之久,瘟疫和饥荒几乎摧毁了这座城市。如果卡西乌斯和其军队没有从叙利亚被派去救援亚历山大港驻军,并迅速镇压了起义,亚历山大港将会被洗劫一空。然而,面对如此大量的部落勇士,即便拥有三个军团,卡西乌斯也不敢直接发起反击。相反,他选择等待时机,在敌方各部落之中挑拨离间,最后分别击破。由此,卡西乌斯得到的奖赏是保留整个东部各省的统治权,并被授予独一无二的地位和一系列权力。这一切让他拥有了夺取皇位的危险力量。

四十五岁时,由于他在战争中节节胜利,卡西乌斯成了罗马的英雄。他的贵族血统进一步增强了他的权威:他的母亲茱莉亚·卡西亚·亚历山德拉是以老派闻名的卡西亚家族一员。她是一位公主,父亲是大希律王的后裔,母亲是罗马第一位皇帝奥古斯都的后裔。她还声称自己是另一位藩属王——科马基尼王国安条克四世伊彼凡尼的后裔。这些血缘关系使卡西乌斯自然成为塞琉古王朝的一员。

简而言之,卡西乌斯生来就是统治者。他血统高贵,战争中多次大获全胜,认为自己无疑会继承卢基乌斯·维鲁斯的皇位。然而,在遥远的北方,马可提拔了另一位出身低微的叙利亚将军,克劳迪亚斯·庞培亚努斯。庞培亚努斯在帕提亚战争中已经一举成名,后来娶了马可的女儿露西拉——卢基乌斯·维鲁斯的遗孀。在马科曼尼战争期间,他担任北部边境最高级将军,并成为皇帝的得力助手。甚至有传言说,马可要册封庞培亚努斯成为凯撒,但出于某种原因他婉拒了。卡西乌斯无法容忍一个平民也可以被提拔到自己之上。

自卢基乌斯皇帝去世以来,卡西乌斯一直在权力的阶梯稳步爬升。现在,公元一七五年,卡西乌斯在东方手握大权已经有三年了,他还有最后一步要走,但马可是唯一一块绊脚石。他手里拿着的那封写着"emanes"(你疯了)的信,来自希罗德·阿提库斯——马可青年时代的修辞学老师,以演讲时的雄辩口才而闻名。但这封信简洁有力，是斯多葛学派而非诡辩家的典型特征，因为它一针见血地表明了观点。在对权力的欲望驱使下，卡西乌斯冲动地挑起了一场可能使帝国四分五裂的内战，还会在冲突中吞噬数百万人的生命。

在一千五百多英里之外的帝国另一端，一名风尘仆仆的信使来到了下潘诺尼亚的首府（在今塞尔维亚）西米乌姆的军营。迎接他的士兵急忙将他带到营地中央皇帝的住所。信使们紧急接力，花了十多天将消息从东部途经罗马传到北部边境。信使说话前犹豫了一下，这个消息太过震惊，他自己都不相信：

"凯撒王，阿维狄乌斯·卡西乌斯将军背叛了你……埃及军团已称他为皇帝！"

信使随身带来一封来自元老院的信，证实了这一消息：公元一七五年五月三日，阿维狄乌斯·卡西乌斯被亚历山大港的埃及军团奉为罗马皇帝。"陛下，他们宣称您过世了。"信使解释道。这个消息来自罗马卡帕多西亚（在今土耳其）的总督普布利乌斯·马提乌斯·维鲁斯。在帕提亚战争中，他与卡西乌斯和庞培亚努斯一起担任将军，表现出色。至关重要的是，马提乌斯·维鲁斯和他的三个军团也同时宣布了效忠马可。然而，据说卡西乌斯的叛乱在托罗斯山脉南部的整个地区都赢得了强烈的支持,这个面积大约是东部帝国的一半。在罗马,一些反对马科曼尼战争的元老院议员趁机请愿支持卡西乌斯。不过,到目前为止,元老院整体还是忠于马可的。尽管如此,卡西乌斯仍是一位实力强大的将军,他同时统帅七个军团,还控制着埃及——帝国的粮仓,以及帝国东部最富有的省份。亚历山大港是帝国的第二大城市和最大的港口。如果埃及的出口被封闭,罗马最终将会因缺乏粮食而造成骚乱、抢劫等混乱的局面。显然,这时帝国的命运前景未卜。

那年,马可五十四岁,他的病情加重,危在旦夕。众所周知,他身体相当虚弱,健康状况不佳,这一直是罗马各阶层闲聊的话题。他的妻子福斯蒂娜在几个月前就回到了罗马。有传言说,她因马可命若悬丝而惶恐不安,并敦促卡西乌斯夺取王位。马可唯一幸存的儿子康茂德当时只有十三岁。他十分清楚,如果他的父亲去世了,或者在他成年之前王位被其他人篡夺,自己只有死路一条。据说,福斯蒂娜曾密谋马可死后第一时间先发制人,让卡西乌斯战胜其他王位觊觎者,甚至通过娶她来维护康茂德的继承权。也有人说,卡西乌斯主动出击,故意散布有关马可死亡的谣言,以蛊惑人心夺取政权。或者,他真的被皇帝已死或命不久矣的虚假情报所欺骗,过早地采取了行动,并不是叛国。不管如何,元老院对这个消息十分震惊,立即宣布卡西乌斯为公敌,并控制了他和家族的财产。这直接导致了冲突升级。卡西乌斯感到局势正在日益失控,但这种情况下他已无路可退,内战已不可避免。

不管卡西乌斯的动机是什么,马可发现自己正面临着统治期间最严重的危机之一。皇帝已经从最近的病痛中恢复过来,他没有浪费时间,立刻开始应对叛乱。他抬起头,平静地看着周围将军们的脸。他们已经知道,皇帝准备离开北方边境,并迅速率军东征。卡西乌斯的军团可能会向罗马进军,以确保夺取王位。迫在眉睫的威胁使这座城市陷入了极度恐慌,这助长了元老院里马可的反对者的恣意妄行。但是,现在在多瑙河上效忠于马可的强大军团的声誉是不容置疑的。

第二天早上,马可·奥勒留派骑手分别发出三封信,一封送往罗马元老院,另一封给他在卡帕多西亚的盟友马提乌斯·维鲁斯,最重要的一封是给埃及的卡西乌斯。他的消息很明确:皇帝确认自己还活着,身体健康,很快就会回来。现在他必须迅速维护北方的和平,以便能够脱身向东南方向进军,增援卡帕多西亚的效忠者,并亲临战场来平息骚乱。然而,在内战无可挽回之前,他知道现在军队宣布相关事宜还为时过早。他们仍在应对北方部落不断的小规模抵抗。在和平谈判未完成时,他不希望多瑙河沿岸的野蛮人听到帝国出现危机的风声。

第七章 短暂的疯狂

私下里,他继续思考如何处理这件事。最难处理的是对实际情况的不确定。马可认为,在某种程度上,卡西乌斯相信自己在做正确的事:他的反叛出于对真正的是非的无知。如苏格拉底和斯多葛学派所教导的那样,没有人会明知故犯。当然,卡西乌斯正是憎恨马可这种哲学态度。因为对他来说,宽恕只是一种软弱的表现。这导致他们两人在人格、统治方式以及生活哲学之间进行较量:一种是严酷的,另一种则是仁慈的。

马可收到元老院传来埃及事件的通知,已经过去几个星期了。他收到叛乱消息后做的第一件事就是召唤他十三岁的儿子康茂德到西米乌姆,让他穿上白色长袍,正式成为罗马成年公民,也为他之后加冕皇帝做准备。为了粉碎卡西乌斯对王位的觊觎,军团拥护康茂德为马可的自然继承人。卡西乌斯一定收到了皇帝还活着的消息,但目前还没有听说他下台的消息。但卡西乌斯未能跨越托罗斯山脉,将叛乱的范围扩大到卡帕多西亚,这意味着他兵力不足,没有信心控制叙利亚来抵抗马可军队的进攻。然而,在马可的营地中,谣言和骚乱仍在蔓延。现在是皇帝向官兵发表战斗宣言的时候了,他宣布他们向东南进军,在卡帕多西亚与马提乌斯会合,之后与卡西乌斯在叙利亚的主力部队交战。

马可一直在思考卡西乌斯和元老院里反对者的所作所为,为即将到来的一天做准备。马可一如既往地告诉自己,他必须准备好接受干涉、忘恩负义、暴力、背叛和嫉妒。[1]根据斯多葛学派的说法，每个人必然会在道德上犯错误，因为大多数人对善恶的真实本质没有坚定的把握。没有人生来智慧，必须经过教育和训练才能实现。马可认为，哲学教会他分辨是非，以及理解行为不端的人的本性的能力，比如卡西乌斯。他提醒自己，所有人都是同胞，每个人都拥有分享智慧和美德的潜力，反对他的人也是亲人，不一定要有血缘关系。他们的行为可能不公正，但不会伤害到他，因为他的人格不会被玷污。只要马可明白这一点，他就不会愤怒或憎恨他们。他说，反对者应时而生，与他一起劳作，就像上下牙合作咀嚼食物。愤怒地反对甚至背弃卡西乌斯这样的人，是违背理性和自然法则的。马可提醒自己，不要把反叛派系视为敌人，而应该像医生善意地对待病人一样。他慢慢地宁静沉思着，他知道在逆境中保持理性的心态是多么重要，特别是考虑到罗马人民赋予他的巨大权力。马可思考完毕后，披上了长袍。庞培亚努斯和其他军事顾问在房间外恭候着他。现在是他向聚集在营地中心的军团士兵发表讲话的时候。

马可以战友的身份问候他们，说抱怨东方的叛乱或为此痛苦是没有意义的，无论如何他都接受宙斯的意愿。他要求他们不要怨神明不公，并对他们必须追随他无休止地南征北战表示了衷心的遗憾。他希望卡西乌斯先来见他，在军队和元老院面前辩护。令人震惊的是，马可向他们承诺，为了所有人的利益，如果有人能说服他，他甚至会毫不犹豫地放弃皇位。然而，现在已经晚了，战争已经开始了。

他提醒军队保持乐观，他们的声誉远远超过东部军团。尽管卡西乌斯是他最尊重的将军之一，但他说，他们并不惧怕"长着寒鸦脑袋的老鹰"，这个评论引起一阵阴郁的笑声。毕竟，事实上赢得那些著名胜利的并不是卡西乌斯，而是站在他面前士兵。此外，一位不亚于卡西乌斯的将军，忠诚的马提乌斯·维罗斯也将站在他们一边。马可告诉他们，他希望卡西乌斯现在依然能够悔改，因为他已经知道皇帝还活着。马可必须假设，卡西乌斯只是误以为他已经死了，那曾经忠诚的将军才会这样背叛他。否则，如果卡西乌斯继续负隅顽抗，当他得知马可·奥勒留率领这支作战经验丰富的老兵组成的强大队伍与他作战时，他将被迫反思他的所为。（罗马历史学家卡西乌斯·迪奥还原了这篇恢弘的演讲。）

聚集在马可面前的军团成员非常清楚，他们敬爱的君主和指挥官是斯多葛学派的哲学家。然而，接下来的演说一定让他们感到目瞪口呆。马可向他们保证，他最大的愿望是仁慈。

> 宽恕做了错事的人，与践踏友谊者为友，对违背信仰者保持忠诚。我所说的话也许听起来不可思议，但你千万不要怀疑。人类的善良不会完全消失，

我们身上还残留着古代的美德。如果有人不相信，这只是坚定了我的信念，要让他们亲眼看到不相信的事情实现。因为这将是我从目前的困境中能得到的唯一收获。如果我能够体面地了结这件事，并向全世界表明，内战也能被妥善地处理。

这并不是厄运，换句话说，敢于承受就是幸运的。自马可年幼时，拉斯蒂克斯和其他斯多葛学派哲学家就是这样教导他。尽管卡西乌斯叛乱的消息使罗马的局势发生了翻天覆地的变化，让整个帝国陷入动荡，但马可的话中没有一丝愤怒的痕迹。马可手下的人都很了解他，知道即使面对这样公然的叛变，他也一定会有尊严地冷静回应。即便如此，对于那天站在泥泞土地上的普通士兵来说，听到马可·奥勒留宣布赦免篡位者及所有反对他的人，一定非常震惊。

结束了对军队的讲话之后，马可指示他的秘书给元老院寄一份抄写的演讲稿。他回到住处，闭上眼睛，向他的哲学寻求指导，继续思考如何妥善应对新的危机。

如何制怒

马可并没有与生俱来的平静性格——他不得不努力克服

自己的坏脾气。在《沉思录》的第一章中，他称赞他的祖父冷静而温和。在整个笔记中，他不断讨论如何制怒这个问题。[2]我们看到，马可说他持续与愤怒斗争，并努力成为一个更加冷静理智的人。他在《沉思录》的第一卷结尾处感谢神明，尽管他有时也会忍不住发脾气，但从未冒犯过他的朋友、家人或老师。像马可一样，那些疲劳和患有慢性疼痛的人，往往烦躁不安且易怒。如果一个虚弱的男人寝不安席，饱受严重的胸痛和胃痛之苦，还要去面对无数试图操纵或欺骗他的人，他有时感到愤怒一点都不足为奇。

对斯多葛学派来说，勃然大怒是一种非理性和负面的冲动，我们永远不应该沉溺于此。不过，正如我们所看到的，对生活问题产生本能的愤怒情绪是人类的天性。斯多葛学派认为这些"原始的冲动"是不可避免的，并以一种淡然的态度接受它们。一个斯多葛主义者也许会合理地喜欢某人的不同行为。他们也可能采取坚决的行动来阻止他们，就像马可在动员军队对抗阿维狄乌斯·卡西乌斯时所做的那样。显然，成为斯多葛主义者并不意味被动接受现实。然而，智者不会对那些超出他直接控制范围的事情感到不安，比如他人的行为。因此，斯多葛学派有各种各样的心理技巧，用来帮助自己抵消愤怒的情绪，用一种更平和且坚定的态度来代替。

通过培养对他人更多的共情和理解，来处理愤怒的情绪是《沉思录》反复强调的主题之一。现代心理学治疗通常关注焦虑和抑郁,而斯多葛学派则更关注愤怒。塞涅卡所著的《论愤怒》一直流传至今,书里详细描述了斯多葛学派的理论和对这种冲动的正确处理方法。

和生活中的大多数方面一样,马可的最好榜样是他的养父。他从安东尼皇帝那里首先学到了"和善"以及温和的气质。对那些严厉批评他处理帝国资源过分谨慎的人,安东尼表现出了"耐心的宽容"。马可特别提醒自己,他的养父曾经在图斯库卢姆大方地接受了一位海关官员的道歉,这显然是他温和性格的典型特征。与他的前任哈德良不同,安东尼对人从不粗鲁、专横或暴力,也从未发过脾气。他平静、有条不紊、始终一贯地考虑每一种情况,仿佛有充足的时间一样从容淡定。我们还从其他地方听到安东尼的温和性情,以及"他如何容忍那些不公平地指责他的人,而没有报复指责他们","他对那些公开反对他观点的人宽容以待,开心地接受别人提出的更好意见"。[3] 安东尼作为一个统治者,所表现出的耐心和温柔是马可所学到的最重要的美德之一。事实上,马可以在面对挑衅时保持冷静而闻名。尽管如此,他还是必须练习克服愤怒的情绪。

那么,斯多葛学派制怒的良方是什么呢?他们认为,愤怒是一种欲望的表现形式:根据第欧根尼·拉尔修的说法,"愤怒是对一个似乎做得不恰当、不公正的人报复的一种欲望"。通俗来说,我们说愤怒通常包含企图伤害别人的欲望,因为我们认为他们做错了，理应受到惩罚。（有时可能更多的是希望别人伤害他们，比如"我希望有人能给她个教训！"）这与现代关于愤怒的认知理论没什么不同，后者通常将其定义为基于这样一个信念，即违反了对你来说很重要的规则。愤怒源于不公正的行为，或者做了他们本不应该做的事情。这常常与被他人威胁或伤害的印象有关，使愤怒成为恐惧的亲密伙伴："他对我做了本不该做的——那是错的！"毫不奇怪，斯多葛学派的愤怒解药类似于我们之前描述的用于消除欲望的一般疗法。因此，有必要简要回顾一下这种方法的典型步骤，并考虑如何将它们应用于这种冲动：

1. **自我监控**。发现愤怒的早期预警迹象，在它升级之前扼杀在萌芽状态。例如，当你开始变得生气，或者可能认为某人的行为是不公正的，或违反了个人规则，你可能会注意到你的声音开始改变，或者皱眉、肌肉紧张。（"她怎么敢对我这么说！"）

2. **认知距离**。提醒自己，事件本身并不会让你生气，而是你对事件的判断引起冲动。（"我注意到我在告诉自己，'她胆敢这么说'，正是这种看待事物的方式导致我的愤怒。"）

3. **延迟**。等到你的愤怒情绪自然减弱后，再决定如何应对这种情况。深呼吸，走开，几小时后再回来。如果你仍然觉得需要做些什么,那么就冷静做出最好的回应;否则就不去管它,忘记它。

4. **美德榜样**。问问你自己,像苏格拉底或芝诺这样的智者会怎么做?什么美德可以帮助你明智地做出应对?在你的情况下,可能更容易想到一个你更熟悉的榜样,比如马可·奥勒留,或你在生活中遇到过的人。("一个明智的人会试着共情,站在别人的角度看问题,然后在他们做出回应时锻炼耐心……")

5. **功能分析**。想象对比一下,发泄愤怒以及追随理性和节制等美德所产生的不同后果。("如果我被愤怒牵着走,那么我可能会对她大喊大叫,开始争吵,随着时间的推移,事情会变得更糟,直到我们不再说话。但是如果我等到自己平静下来,然后试着耐心倾听,一开始可能很困难,但通过练习可能会变得容易。一旦她平静下来,也许她就会开始倾听我的观点。")

斯多葛学派从毕达哥拉斯学派学会了一个古老的概念,即推迟行动,直到愤怒减轻,毕达哥拉斯学派比马可的时代提前近七个世纪。他们以从不在愤怒时说话而闻名,会选择暂时撤离,直到愤怒情绪消失。他们只在冷静和理性的时候才做出回应。如今,治疗师有时称之为从愤怒中"暂停",以恢复你的镇静。

除了这些基本的策略,马可还描述了一整套斯多葛学派的认知技巧,其重点是首先解决导致我们愤怒的潜在信念。对于一种情况,有各种不同的看待方式,也就是其他思考方式。它们可随时使用。然而,当你还处于愤怒之中时,观点很难改变。事实上,最常犯的错误之一是,我们没有把自己调整到最佳心态,便试图挑战激起我们愤怒的想法。相反,我们应该在面对可能会引发愤怒的情况之前,提前使用这个策略,否则的话,就等到你花时间恢复平静之后。马可提醒自己早上第一件事就是思考这些想法,同时提前为这一天遇见各种难缠的人而做好准备。

在《沉思录》最引人注目的段落之一中,马可介绍了在"防止与他人生气"时使用的十种思维策略。[4] 他把愤怒管理技巧描述为,来自于阿波罗和他的九个缪斯女神的十份礼物。阿波罗是医学和治疗之神——我们可以说是治疗之神——这些都是斯多葛学派的心理治疗处方。《沉思录》里包含了许多关于同样方法的参考文献,这有助于澄清马可的观点。

1. 我们生来就是社会动物,生来互相合作

马可描述在应对愤怒时使用的第一个策略,就是提醒自己,斯多葛主义学说认为,理性的存在本质上是社会性的,生来就是群居并以善意互相帮助。因此我们有义务与同胞明智地、和谐地共处,以实现自然潜能,生生不息。

在《沉思录》中有一段著名的引用，就是我们前面提到的第二章的开篇，马可描述了每天早上为应对各种难缠的人做好心理准备。他补充说："我也不能对我的亲人生气，也不能恨他，我们生来就是相互合作的。"因为怨恨或背叛他人阻碍彼此成长，违背我们的理性和社会本性。事实上，他说，理性动物的部分善行在于对他人的友善态度。马可进一步指出，忽视我们与他人的友谊是一种不公正、邪恶和不敬，因为它违背了自然。[5]

斯多葛学派的目标是与他人和谐相处，但这并不意味着应该期望每个人都像我们的朋友一样行事。相反，应该准备好在生活中遇到许多愚蠢和恶毒的人，并接受这是不可避免的事实。我们不应该因为遇到讨厌的人和敌人感到愤怒，而应以此为契机来锻炼智慧和美德。斯多葛学派把麻烦的人当成医生的处方，或者由摔跤教练指定的训练伙伴。马可说，我们是为彼此而存在的，如果不能教育那些反对我们的人，至少必须学会容忍他们。[6]

这些挑战将帮助我们培养美德，变得更坚韧。如果没人考验过你的耐心，你就少了一个在人际关系中展示美德的机会。在《论马可·奥勒留》，这本十八世纪紧密结合罗马史实的历史著作中，斯多葛学派的老师阿珀洛尼厄斯说："有一些恶人——他们对你是有用的；没有他们，又何来美德。"

2. 把人的性格看作是一个整体

下一个方法，则是用更全面更完整的方式描述让你生气的人——不要只关注他们的性格或行为方面中你觉得最烦人的方面。马可告诉自己，要仔细考虑那些通常会冒犯他的人。然后，耐心地想象他们的日常生活：在餐桌上吃饭，睡在床上，做爱，如厕，等等。考虑他们如何变得傲慢、专横和愤怒，但他也思考，他们被其他欲望奴役的时候。[7]这个观点是说，我们应该扩展意识范围，不仅要思考别人冒犯我们的行为，还要把他人看做整体去思考，记住没有人是完美的。当我们拓宽自己的视野时，很可能会淡化对他们的愤怒。这可以看作是拆解分析方法的另一种形式。

马可说，当别人憎恨、责备或诽谤你时，你应该想象自己审视他们的灵魂，了解他们到底是怎样的人。你越了解他们，他们对你的敌意就越会被认清，也越无法冒犯你。他似乎是这样看待卡西乌斯的，这帮助马可冷静地应对突然的内战危机，而元老院做出的回应则是下意识的。

马可说，除了设身处地地为对方着想，你还应该以一种直接触及核心问题的方式来分析他们的性格：他们想取悦什么样的人，为了什么目的？通过什么样的行动？生活中的指导原则是什么，他们忙着做什么，他们如何打发时间？你应该想象他们的灵魂赤裸裸地摆在你面前，所有的错误也都暴露无疑。如果你能想象这一点，最终你会觉得他们的褒贬没有任何真正的影响。[8]事实上，智者只真正关注那些"顺应自然"的人的观点，所以他不断地关注他面对的是什么样的人。他了解他们"在家是什么样的人，离家是什么样的人，晚上是什么样的人，白天是什么样的人，记住他们在做什么工作，他们沉溺于什么样的恶习，和谁在一起"。[9]

斯多葛学派认为，邪恶的人从根本上缺乏自爱，并与自我疏远。我们必须学会同情他们，把他们视为被错误的信念误导或判断错误的受害者，而不是恶意的。马可说，你应该思考他们是如何被错误的观点蒙蔽，并被强迫这般行事——他们不知道什么是更好的。如果你意识到这一点，就会更容易忽视他们的指责，原谅他们，但在必要时反对他们的行为。俗话说：理解一切就是原谅一切。

3. 没有人愿意做错事

接着前一点讲。"没有人故意作恶，也就是说没有人自愿作恶。"这是苏格拉底哲学的核心悖论之一，并被斯多葛学派所认可。马可假定卡西乌斯是无辜的，因为在某种程度上，篡位者认为自己在做正确的事情，事实却是相反的。在《沉思录》中，他说，你应该用一个简单的二分法看待他人的行为。他们要么在做正确的事，要么在做错的事。如果他们做的是对的，那么你就接纳，不再为他们生气，放下你的愤怒，并向他们学习。然而，如果他们做的是错的，那应该假设这是因为他们不知道怎么做更好。正如苏格拉底所指出的，没有人愿意犯错误或被欺骗；所有有理性的生物天生都渴望真理。如果有人真的弄错了什么是真理，那么你应该为他们感到难过。

每个人都厌恶恶毒或不光彩的人。在某种意义上，他们相信自己的所作所为是正确的，或至少是可以接受的。不管这个结论看起来有多么固执，在他们自己看来都是合理的。如果我们始终认为他人没有恶意，只是犯了错，被剥夺了智慧，而非出自个人意愿，我们必然会更温和地对待他们。因此，马可说每当你认为有人冤枉了你，你应该首先想想他们对待是非的基本观点。一旦你真正理解了他们的想法，就没有理由对其行为感到惊讶，这自然会削弱你的愤怒。[10] 判断的错误就像疾病或精神失常一样逼迫人们做错事，我们学会体谅这些人，并在此基础上原谅他们。同样，当孩子犯错时，我们不会严厉地评判他们，因为他们并不知道怎么做更好。然而，成年人仍然会和孩子一样犯同样的道德错误。他们不想愚昧无知，却无心做了错事。

马可认为任何人都值得我们去爱，因为他们是我们的亲人。他们也值得我们同情，因为他们对善与恶一无所知，就像失明这种严重的缺陷。道德不端导致冲动，比如容易失控的愤怒。我们应该告诉自己，其他人的所作所为是被无知所驱使，要放下自己的愤怒。因此，当面对行为令人反感的人时，爱比克泰德建议学生重复这句格言："在他看来，这是对的。"[11]

4. 没有人是完美的，包括你自己

记住其他人也是人，有缺陷的人，可以帮助你以一种更平衡和更理性的方式接受他们的批评（或赞扬）。以类似的方式提醒自己你也不完美——没有人是完美的——可以帮助缓和愤怒情绪。批评别人而不承认自己的不完美是一种双重标准。马可提醒自己，在这方面他和其他人一样，也做了很多错事。他还建议每当我们被别人的错误冒犯时，就应该把它视为一个信号，让我们停下来将注意力放在自己的人格上，反思是否犯过类似的错误。[12] 他做了一个非常诚实的心理逻辑观察，发现自己尽量避免做错事只是因为害怕后果或担心名誉受损。他说，所有阻止我们犯下一种恶习的通常都是另一种恶习（这个观点至少可以追溯到苏格拉底时代）。例如，许多人避免犯罪因为他们害怕被抓住，而不是因为他们有道德。因此，即使我们不犯与他人同样的错误，这种倾向也可能仍然存在。马可愿意听卡西乌斯的意见，因为尽管他是皇帝，他也不认为自己无可指责。

斯多葛主义中没有大师。即使是学派的创始人——芝诺、克里安提斯和克利西波斯——也没有称他们是绝对明智的。他们相信我们都是愚蠢的、邪恶的，并且在某种程度上

被冲动所奴役。理想的圣人的定义是完美的，但那是一个假设，就像乌托邦社会。具有讽刺意味的是，我们被冒犯后产生的愤怒本身就可以被视为人容易犯错的证据。愤怒证明我们在强烈情绪的影响下也会做错误的事情。记住犯错是人类的共同命运——包括你自己——可以帮助减少愤怒感。当你愤怒地把手指指向别人时，记住同一只手的三根手指指向你自己。

5. 你永远不能确定别人的动机

我们无法读懂别人的想法，所以不应该草率断定他们的意图是什么。然而，如果不了解某人的意图，就永远无法真正断定他们做错了。人总是有充分的理由去做看似糟糕的事情。马可实际上是罗马法庭上的一位经验丰富的法官，同时也是一位优秀的人格鉴定家。他提醒自己，在我们对他人的个性和动机发表坚定的意见之前，有必要尽量多了解相关情况——即使在那种情况下，我们的结论也是基于某种可能性的。例如，在内战时期，马可坚信自己并不真正了解卡西乌斯的所思所想。

与此相反，愤怒对他人的动机设定了一种莫须有的确定性。认知治疗师称之为"读心术"的谬误——对他人动机总是妄下结论，然而，我们却往往只是雾里看花。但是，我们应该始终保持开放的心态，相信这种可能性，即别人的意图没有错。[13] 他们的行为存在着其他合理的解释，保持这种开放的心态，有助于冲淡愤怒。

6. 记住，人终有一死

马可告诉自己，要关注大局中事件的短暂性。他建议愤怒的时候想想，人最终会死去，并被遗忘。从这个角度来看，人们的行为似乎不值得慌张，没有什么是天长地久的。将来回首往事时，这些都会显得微不足道，那么我们现在又何必在意呢？当然，这并不意味着我们什么都不做。事实上，通过保持冷静，可以更好计划应对措施并采取行动。当卡西乌斯煽动内战时，马可并没有坐以待毙；他迅速调集一支庞大的军队来对抗。他不允许恐惧或愤怒影响他的判断。

《沉思录》很可能是在内战之前写的，但当内战发生时，马可对卡西乌斯的叛乱也采取了同样的哲学态度。他说，记住，这种情况很快就会过去，事情必然会改变。

正如我们所知，内战相当短暂，阿维狄乌斯·卡西乌斯的雕像早就不复存在。今天甚至几乎没有人听说过他的名字，尽管严格来说他也是罗马皇帝，虽然只有短短几个月。终有一天，马可·奥勒留也会被遗忘。当他做决策时，常常将此铭记于心。他提醒自己不要担心后代会如何评价他，只做理性上认为是正确的事情。当我们想起没有什么会永远存在，似乎不再值得对别人生气。

7. 让我们感到不安的是自己的判断

毫无疑问,马可采用了最著名的斯多葛主义方法,我们称之为认知距离。当你生气的时候,提醒自己让你生气的不是事情或其他人,而是你对他们的判断。如果能放下你的价值判断,不再说别人的行为是"糟糕的",那么你的愤怒就会减弱。然而,正如塞涅卡所指出的,最初的愤怒情绪是我们无法控制的,斯多葛学派称之为原始冲动。某种程度上,我们与其他动物一样共有这些情绪反应,所以它们是自然的、不可避免的,就像格利乌斯描述的那位斯多葛学派老师在风暴中的焦虑一样。马可说,是否坚持愤怒取决于你。我们不能控制最初的反应,但可以控制对它的回应:重要的不是发生了什么,而是接下来你要做什么。

如何才能学会停下来,与最初的愤怒感保持认知距离,而不是被它们席卷而去?马可说,你要意识到别人的行为不会伤害你的人格。生活中真正重要的是,你是一个好人还是坏人,这取决于你自己。其他人可以伤害你的财产甚至身体,但他们不能伤害你的人格,除非你允许他们这样做。正如马可所说,如果你放下"我被伤害了"的念头,那么受伤的感觉就会消失。当这种感觉消失时,所有真正的伤害就会烟消云散。[14] 经常提醒自己,让你生气的不是事情本身,而是对它们的判断,就足以削弱愤怒。

8. 愤怒对我们的伤害弊大于利

马可经常将获得认知的距离与下一个方法联系起来,我们称之为功能分析。想想愤怒的后果,并将其与冷静理性或者用同情和仁慈回应的结果进行比较。再或者,只是提醒自己,愤怒实际上对你弊大于利。斯多葛学派认为愤怒的人是丑陋且不自然的——阴沉着脸,面目可憎,脸色发紫,就像在经受可怕疾病的煎熬。[15] 马可认为愤怒的丑陋面孔是不自然的,也是违背理性的标志。

愤怒给我们带来什么?通常是无能为力的感觉。请记住,马可说,人们无论如何也要做同样的事,即使你将勃然大怒。[16] 我们的愤怒不仅是徒劳的,而且会适得其反。他指出,比起忍受愤怒,往往需要付出更多的努力来处理发脾气产生的后果。斯多葛学派认为,我们之所以感到被冒犯,是因为认为其他人的行为方式已经威胁到了我们某些方面的利益。然而,一旦意识到愤怒造成的结果,比让你感到愤怒的事情本身所造成的伤害更大时,就必然会平息怒火。

不过,从基本意义上说,被轻视的愤怒对我们的伤害,比他人对我们的轻视更严重。他人的行为是外在的,并不能触及我们的人格,但愤怒却会让我们判若两人,变得像动物一样。对斯多葛学派来说,这是更大的伤害。因此,马可提醒自己,除非自己允许,否则他人的恶无法渗透到你的人格。

讽刺的是，愤怒对愤怒者的伤害最大，尽管他有能力制止愤怒。[17]因此，在大多数情况下，在对触发愤怒的事件采取任何行动之前，你的首要任务应该是先处理自己的愤怒。

在《沉思录》中，马可经常用另一种方式表达这个观点，即提醒自己把错误留给犯错的人："他对我做错什么了吗？那是他的事，与我无关。"犯错的人对自己不利。他说，行为不公正的人对自己也不公正，他只是自作自受。做坏事的人损害了自己的人格；你不应该错误地认为他也冒犯、伤害了你，而和他一起陷入痛苦之中。[18]

当马可警告自己不要对待敌人以牙还牙的时候，他一定想到了卡西乌斯这样的敌人。同样地，你也不应该持有恶人的观点，或他们希望你持有的观点。简而言之，报复的最好方式是不要放任自己和他们一样愤怒。[19]马可说，如果有人讨厌你，那是他们的问题。你唯一要注意的是避免做任何可憎之事。

9. 大自然赋予我们制怒的美德

马可还建议将另一种熟悉的斯多葛学派方法运用于愤怒，称之为对美德的沉思。你应该问自己，大自然赋予了你什么样的美德或能力，来应对所面临的情况。你可能也会问几个密切相关的问题：其他人如何应对愤怒？你的榜样会怎么做？当别人面对同样令人恼火的情况时，你会钦佩他怎么做？马可说，你应该接受世界上每个人都不可避免会犯错，然后问:"大自然给了人什么样的美德,用来应对错误的行为?"为了解释这一点,他把美德比喻成大自然开出的化解邪恶的解药。[20]

对马可来说,消除愤怒的主要解药是斯多葛主义的善良美德,它与公平一起构成了正义的基本社会美德。斯多葛学派认为,愤怒是伤害他人的欲望,而善良在本质上则是相反的:对他人的善意和助人为乐的愿望。然而,其他人的行为并不完全取决于我们,所以我们应该将保留条款谨记于心,对他人友好,并心怀善意,还要记得"命中注定"的告诫。就像卡托的弓箭手一样,斯多葛主义者应该将目标放在造福他人上。如果用善意行事,并愿意平静地接受成功和失败,一定会感到满足。

马可举了一个具体的例子来解释他的观点。他描述了一个虚构的场景,有一个充满敌意的人在考验他的耐心,他可以说"不,我的孩子;我们是为其他事情而生,我不会受到伤害,但你在伤害自己",来温和地鼓励这个人走向正确的方向。马可说,我们应该委婉地交谈,提醒他们,人类就像蜜蜂和其他群居动物一样共同生活,而不是彼此对立。我们不应该冷嘲热讽、严词厉色,而应该在心里用充满爱的善意来回答。我们应该简单诚实,不要居高临下地教训别人,或故作姿态给旁观者留下深刻的印象。人们不禁想到,马可说这番话的时候,想到的一定是卡西乌斯或他儿子康茂德这样的人。

对斯多葛学派来说,善良首先意味着教育他人,希望他们变得明智并摆脱恶习和冲动。这是命运允许的化敌为友的愿望。马可教育他人的善举,实际上需要用到他之前提到的两个最重要的方法:

1. 愤怒对我们的伤害大于让我们生气的人。
2. 人类本质上是社会生物;自然要求我们互相帮助,而不是彼此争斗。

他认为这是另一种二分法:我们要么可以教育对方改变他们的观点,要么无能为力。如果我们能教他们一个更好的方法,那么我们就应该这样做;如果没有,应该毫无怨气地接受这个事实。因此,马可对令他恼火的人表现出了极大的宽容,还考虑了用他们可以接受的婉转方式。他是在青年时代从拉斯蒂克斯以及其他人和他的交谈方式中学到了这一点,然后纠正了自己的行为吗?

10. 期望别人完美是不可能的

马可将前九种方法描述为来自阿波罗缪斯女神的礼物,我们应谨记于心。他又补充了一个来自缪斯首领,阿波罗本人的建议:期望坏人不做坏事是不可能的,那是妄想。此外,接受别人的错误行为，并指望他们永远不激怒你，这是不明智且愚蠢的。

最后一个方法关于斯多葛的决定论：理性看待世界的智者永远不会对生活中的任何事感到惊讶。这是另一种标准的斯多葛学派理论。我们已经知道世界上既有好人也有坏人，坏人注定要做坏事。因此，期望他们放弃是不合理的。"渴望不可能的事就是疯狂，恶人不可能不这样做。""希望坏人永远不会做错事，就像你愚蠢到奢望婴儿永远不哭，否则，你便会感到气愤。"[21] 我们很容易想象，马可已经用这种方式为卡西乌斯的背叛做好了准备。元老院感到震惊，措手不及，他们慌张的反应增加了内战全面爆发的可能性。相比之下，马可平静而自信，仿佛他在期待这些事情的发生。

当人们很沮丧的时候，说："我真不敢相信！"通常他们描述的是在生活中很常见的事情，比如背叛、欺骗或侮辱。斯多葛学派意识到，在这个意义上，惊讶并不是完全真实的，而且过度夸大了我们的情绪反应。相比之下，一个拥有哲学态度的人可能会说："这不足为奇，这些事情注定会发生——因为这就是人生。"马可告诉自己："发生的一切都如此寻常和熟悉，就像春天的玫瑰和夏天的果实一样。"包括诽谤和背叛。当我们惊讶于一个坏人的恶行，我们应该为期待不可能的事情而受到责备。[22] 一般来说，我们可以预见人们所犯的各种错误，但它们实际发生时，我们会表现得好像它很令人震惊。当你被某人的无耻行为冒犯时,你应该学会立即问自己:"世界上没有讨厌的人吗?"当然不是。所以,我们不要要求不可能的事情,并把这种方法应用于所有错误行为。马可相信,如果你把虚伪的震惊放在一边,对邪恶采取一种更哲学的态度,你就能对他人表现出善意。

马可用阿波罗赠送的这十件礼物来应对愤怒。在《沉思录》中他一次次地说明:

> 即使是做错事的人,也要爱它们,这是人的特质。如果当他们做错时,你应该想到他们是你的同胞,他们是因为无知和不自觉而做错事的,你们两个很快都会死去;特别是,做错事者没有造成任何伤害,因为他没有使你的人格变得比以前更糟。[23]

这些是来自阿波罗的十件礼物的方法,具体如下:

> 你是对什么不满呢?是对人们的邪恶不满吗?那就让你的心灵回忆起这一结论吧:理性的生物是互相依存的,忍受亦是正义的一部分;人们是不自觉行恶的;想想有多少人在相互敌视、怀疑、仇恨、战斗之后死去,并化为灰烬——我说,想想这个,你便会停止苦恼。[24]

然而，马可在处理愤怒时，最倚重的方法是阿波罗和缪斯的第一个礼物：他提醒自己把别人看作亲人，看作兄弟和姐妹，自然意味着一起劳作。即使是敌人，我们也应该视其为家庭一员。我们的责任是思考如何与他们和谐相处，以使生活能够顺利进行，即使他们试图反对我们。

在列出阿波罗的十件礼物后，马可也提醒自己，当他感觉要发脾气时，手头要有这句箴言："愤怒不是男子气概，温柔平和更有男子气概，因为这更有人情味。"这是令人震惊的，因为正如我们所知，卡西乌斯侮辱他为"哲学老妇人"，他想暗示马可性格很软弱。然而，马可认为，现实中一个能够在挑衅面前忍住愤怒且本性善良的人，比一个像卡西乌斯那样屈服于愤怒的人更强大、更勇敢。就像卡西乌斯这样的人往往把冲动的愤怒误认为是力量，而斯多葛学派则认为这事实上是弱者的标志。这又把我们带回到了故事：鹰派卡西乌斯，以及鸽派马可之间的内战，结果如何呢？

进军东南及卡西乌斯之死

通过日常这样的冥想，马可在面对卡西乌斯的叛乱时保持了他广为人知的镇定。哲学教会他冷静地预测事件，比如

第七章 短暂的疯狂

篡位者的出现。现在，作为一个斯多葛学派信徒，是时候在远离家乡的另一场战争中做出调解了。军队逐渐开始认为他是神圣的，被他面对逆境的冷静行为所折服——即使这是一系列背叛中最严重的一次。

卡西乌斯叛乱的消息传出后，罗马就陷入了歇斯底里的状态，而元老院下意识的反应更是雪上加霜。人们害怕卡西乌斯会在马可不在的时候入侵，并洗劫整个城市来报复。马可在北部边境的一个高级官员马可·瓦列里乌斯·马克西米安，已经被派去率领两万骑兵与卡西乌斯在叙利亚的军团交战。马可还派了著名的军事指挥官维提乌斯·萨宾尼亚努斯，他和潘诺尼亚的一支小分队去保护罗马城，以防敌人的军团经意大利进入罗马。

卡西乌斯一开始似乎处于强势地位。在他的指挥下，叙利亚军团和帝国的粮仓——埃及加入了阵营，其他人也开始支持他。然而，叙利亚北部并没有支持叛乱。卡帕多西亚和比提尼亚的军团都对马可·奥勒留忠心耿耿。马可还拥有了罗马元老院的全面支持。卡西乌斯指挥着七个军团：三个在叙利亚，两个在罗马，一个在阿拉伯，还有一个在埃及。然而，在整个帝国，他们的数量还不到马可麾下的三分之一。此外，马可北部的军团是强大且纪律严明的老兵，而卡西乌斯手下的军团仍然是出了名的软弱，尽管他试图用严厉的手段加强纪律。

在卡西乌斯宣布自立皇帝三个月零六天后，马可的队伍正向叙利亚进军时，一个信使带来了惊人的消息：在卡西乌斯骑马穿过自己的营地时候，被一个叫安东尼斯的百夫长袭击。此人骑马猛冲过来，将一把利刃刺进了他的脖子，卡西乌斯受了重伤，差点逃脱。然而，一名初级骑兵军官很快加入了围捕，这两名军官一起砍下了新皇帝的头，把它装在一个袋子里交给了马可。

卡西乌斯的叛军军团发现马可还活着并正向他们进军后，立马终止了战斗。几天过去了，安东尼斯和他的同伴带着篡位者已死的可怕证据来到了马可的营地。马可让手下把他们带走，他拒绝看曾经的朋友、盟友的头颅。他下令埋葬卡西乌斯，虽然他的军队欣喜若狂，但马可并没有庆祝。通过宽恕叛军军团，他无意中将卡西乌斯推向死亡。卡西乌斯的士兵们根本没有任何理由与从北方逼近的精锐军队作战。他们和接受赦免之间唯一的矛盾就是卡西乌斯，而他始终拒绝下台。所以，他的死亡是命中注定。

公元一七五年七月，马可再次被承认为整个帝国唯一的皇帝。卡西乌斯被冠以残酷、善变和不值得信赖的恶名。最终，他的手下用他多年来一贯冷酷无情的方法杀了他。历史证明，他的威权主义做法最终引火烧身。相反，马可以坚韧和真诚而著称，他在卡帕多西亚的军团用忠诚回报了他，他的胜利得到了保障。马可奖励了被称为雷霆军团的第十二军团，授予它们永恒之师的头衔，并授予阿波罗军团的第十五军团忠诚庄严之师的头衔。相比之下，卡西乌斯恐吓、强迫自己的人为他冒生命危险，一旦出现危险的迹象，他们定会转而反对他。

叙利亚内战结束后，马可没有对卡西乌斯的家人以及盟友采取严厉措施。只有少数参与阴谋的人被处决，这些人犯下了不可饶恕的罪行。按照约定，他没有惩罚卡西乌斯麾下的军团士兵，而是把他们送回了原来的驻地。他还赦免了与卡西乌斯为伍的城市。事实上，马可给元老院的"征召神父"写了一封信，恳求他们对参与卡西乌斯叛乱的人宽大处理。他要求不惩罚那些元老，不处决贵族出身的人，允许流放者回家，而且将财产归还那些被没收财产的人。卡西乌斯的同谋免受任何惩罚或伤害。马可说："但愿我也能从坟墓里赦免那些被定罪的人。"卡西乌斯的孩子们，以及女婿和妻子都被赦免，因为他们没有做错事。马可更进一步放宽了对他们的处罚，下令让他们在他的保护下生活，并将卡西乌斯的财富公平地分给他们，也允许他们自由旅行。他希望那些在叛乱中被杀害的人的死亡，不会再带来迫害和报复行为。现在，康茂德陪同他前往叙利亚和埃及，在军团返回罗马之前，马可向军团宣布康茂德为他的继承人。

马可无疑想迅速恢复罗马的和平，这样他就能回到北部边境，那里依然还有许多工作要做，所以他对那些支持卡西乌斯的元老们明智地展现出仁慈的态度。不过，首先，他发现有必要巡视东部省份以恢复那里的各种秩序。事实上，他在东方的声望大大增加。我们甚至得知，人们从他身上受到了启发，开始学习应用他的斯多葛哲学。

福斯蒂娜皇后死于公元一七六年春天，距离镇压起义后不到半年。有传言说，她因为与卡西乌斯有染而自杀。然而，马可对她敬重有加，在她死后将她奉若神明。她仍然是一个非常受欢迎的人，尽管人们对她所谓的阴谋说东道西。在福斯蒂娜死后不久，康茂德被任命为罗马执政官，公元一七七年，他与马可共同担任皇帝。但马可死后不久，康茂德不顾父亲的赦免令，下令追捕卡西乌斯的后代，并以叛国罪活活烧死他们。

第八章

死亡和俯瞰的观点

从我来到这个世界之日起,就一直在沿着死亡之路旅行。从一颗绿葡萄籽到一簇成熟的葡萄,再到一颗干瘪的葡萄干,自然界的一切都有开始、过程和结束。

公元一八零年三月十七日，文多博纳。皇帝召唤卫兵上前，对他低语："去看看冉冉升起的太阳吧，我已日薄西山。"他气若游丝，语不成声。从那位年轻士兵看他的眼神中，马可瞥见了恐惧闪过。卫兵犹豫片刻后，迟疑着对他点头，退出了皇帝的卧房。马可把床单拉过头顶，艰难地让自己翻了个身，仿佛这是他最后一次入睡。他感觉到死亡从四面八方在召唤。如果自己能够一睡不醒，彻底摆脱身体的痛苦和不适，那该有多好。瘟疫在体内不断吞噬他那虚弱苍老的身体。他好几天滴水未进了，身体在快速衰竭。此刻已经是日落时分，四周寂静无声。他的眼皮颤抖着，身体的疼痛刺激着他保持清醒。残存的生命意识断断续续，但他知道自己还不会立刻死去。

他想："眼睛好沉，好累——是时候让它们闭上了。"意识消散的幸福感开始在他心头蔓延。

我一定是睡着了，或者再一次不省人事。不确定眼睛是睁开还是闭着,眼前漆黑一片。天很快就要亮了,云雀将会唱起那晨晓的歌,春天来了,冻结的溪流已经消融,溪水将流过营地外面的土地,汇入浩浩汤汤的多瑙河。

在士兵们心中,多瑙河拥有古老河神的灵魂。只要在它的边上停留片刻,耐心地倾听,它将会默默地给所有人上一课:"一切都会变,很快会消失殆尽。"赫拉克利特曾说过:"人不能一生两次踏入同一条河流。"大自然本身就像多瑙河一样,川流不息,席卷着河流中的一切。新的事物会出现,但是时间之河会带它远去,只为将其他事物带入视野。现在,那些被遗忘的久远过去已经留在我生命的上游,而在下游,等待我的将是无边无际的黑暗,我的生命将转瞬即逝。

我不再需要药物或医生。这一切终于迎来终章,我可以松口气了。时间之河将我带走的时刻终于到了。改变是生,也是死。人们试图让早已注定的归宿晚一些到来,但永远无法摆脱它,这是一场愚蠢的游戏。

珍馐、美酒、魔法咒语
可以让时间之河改道,远离死神。[1]

回首过往,我现在比任何时候都更懂得,大多数人的生活都是他们自我造就的悲剧。男人要么因骄傲而膨胀自大,要么因满腹牢骚而饱受折磨。他们所关心的一切都是脆弱的、琐碎的、转瞬即逝的。在时间的洪流之中，他们都无处可逃，没有什么东西值得我们给予希望。

也许，你会倾心于一只在河岸上筑巢的小麻雀——这就是我从前常用的比喻。可一旦它吸引了你，很快就飞走了，再也见不到了。我曾无比疼爱我自己的小麻雀，称它们为窝里的小鸡：福斯蒂娜给我的十三个男孩和女孩。现在却只剩下康茂德和四个女孩，他们面带悲伤，为我哭泣。其余的孩子在很久之前都已一一离世。我悲痛欲绝，但斯多葛学派教会我如何既爱我的孩子，同时要忍受他们离开的痛苦。当我哀悼我的双胞胎小儿子时，阿珀洛尼厄斯耐心地安慰我，帮助我慢慢恢复内心的平静。是的，哀悼是很自然的——甚至动物也为失去幼崽而悲伤。但也有一些人逾越了悲伤的自然界限，任由自己被这种情凄意切的情绪激流彻底湮灭。智者则接受现实中的一切，并耐心地忍受它，但不会让痛苦加重。

在我的弟弟卢基乌斯去世前不久，我痛失了爱子马可·安尼乌斯·维鲁斯，这是我幼时的曾用名，这个名字在家族里代代相传。我的小马可在医生的手术台上失血而亡，当时医生正在切除他耳下的肿瘤。可是我只能哀悼他五天，接着不得不离开罗马，投身潘诺尼亚战争。后来，温和的阿珀洛尼厄斯告诉了我爱比克泰德的一句话："只有疯子才在冬天寻找无花果。"就像当孩子已经被自然带走时，你依然怀念他们。我一直爱他们，但是也学会了接受他们只是凡人，终有一死。

"树叶,一些被风在地上驱散的树叶——而这就是人类"。[2]

孩子们不就是这样的树叶吗?他们在春天来临,又被冬天的寒风吹落,然后,其他的叶子长出来,逐渐取代他们。我想永远留住他们,尽管我一直都知道他们终有一死。然而,心却在大声呼喊:"让我的孩子平平安安吧!"就像紧盯着愉悦美景的眼睛,拒绝接受所有的改变。然而,自然才不会在乎我们喜欢与否。

智者把生死看作是硬币的正反面。当色诺芬——苏格拉底最伟大的学生之一——接到他儿子阵亡的消息时,他说了什么?"我知道我的儿子是凡人。"他深刻理解了这个道理:"有生必有死。"我也深知这个道理,因为我在幼时失去了我的父亲安尼乌斯·维鲁斯,对他我几乎一无所知,除了知道人们说他善良而谦逊。我的母亲露西拉把他埋葬了,到她死去的时候,我又埋葬了她。我的养父安东尼皇帝埋葬了他的皇后,然后,又轮到我和我的兄弟卢基乌斯,以及安东尼皇帝的儿子们,一起把他安葬在坟墓里,并为他深深地哀悼。然后,我的兄弟卢基乌斯皇帝意外去世,我安葬了他。最后,我安葬了自己心爱的皇后福斯蒂娜。不久之后,康茂德会将我的遗体安葬在台伯河岸边的哈德良陵墓中，那时我便与她团聚了。朋友们将在罗马为我致悼词，提醒人们马可·奥勒留并没有消失，只是回归了自然。今晚落日将会把我带走；明天有人会取代我冉冉升起。

现在，你终于来了，死亡——我的老朋友，我确信可以称呼你朋友。你已造访我数次，至少我通过想象的大门迎接过你很多次。在很久之前，当我在沉思之中思考如何治理我的帝国，你就常伴我左右。一切看似不同，但本质都是一样的：凡人结婚、抚养孩子、生病、死亡。有些人打仗、赴宴、耕耘、做生意。有些人阿谀谄媚，或者寻求奉承，怀疑同伴密谋背叛，或者暗算他人。无数人勾心斗角、咒人死亡、嗟怨命运、坠入爱河、积金至斗，或梦想摄政甚至称帝。有多少人的名字我们永远不会知道，他们的生命已经消失、被遗忘，就好像从来没有出生过一样！然而，再去想想那些强者，又有什么区别呢？死神会光临乞丐的窝棚，也会叩响国王的宫殿。奥古斯都，帝国的创始人，他的家族、祖先、牧师、谋士和所有随从——现在在哪里？无处可寻。亚历山大大帝和他的骡夫同样都化为尘土。在死亡面前，人人平等。

那么，早已灭亡的伟大王朝呢？想想他们的先人，为留下继承人前仆后继，鞠躬尽瘁，终究逃不过血脉戛然而止的命运。一些坟墓上刻着"末代"的字眼。究竟有多少城市也消失了呢？很多国家整个都从历史中被抹掉。当伟大的西比

第八章 死亡和俯瞰的观点

欧被人问及,为什么不为迦太基的灭亡感到高兴时,他流泪了,并预言有一天罗马也会灭亡。历史上每一个时代都给我们同样的教训:没有什么是永恒的。从早已消失的亚历山大王宫,到哈良德和安东尼的王宫,我都曾漫步其中,今天却只能从纪念碑和传说故事中得知了。"哈德良"和"安东尼"的名字已经成为古老的标志,就像大西庇阿和尤蒂卡的卡托一样,他们的名字被写进了历史。以后,我自己的名字,在别人听起来也会很古老,也将代表着一个逝去的时代——"马可·奥勒留的时代"。

我将加入他们:奥古斯都、韦帕芗、图拉真,等等。然而,对我来说,如何被铭记,甚至是否被铭记,都是无所谓的事情。有多少曾经被歌颂的人早已被遗忘?还有那些歌颂他们的人也是一样的。担心自己的行为将如何被载入史册只是徒劳。即使是现在,我周围的人都在为子孙后代如何看待他们而惶恐不安,他们同样是杞人忧天。几个世纪前,在他们出生前,他们的名字完全不为人知。人类的嘴巴不能赋予你值得追求的名誉和荣耀。现在对我来说,最重要的是我如何面对这稍纵即逝的一刻,因为我已经感觉到自我正在灰飞烟灭,渐渐走向消亡,就像陷入了一场梦。

当我和卢基乌斯凯旋,并肩穿过罗马的城堡街道时,死亡,那时你和我在一起吗?奴隶们和我一起站在战车上,手持金色的花环高举过我们的头顶,他们在背后低语"记住你即将死去"。当卢基乌斯带回黄金和宝藏的战利品，以及用镣铐铐住的帕提亚人俘虏，他的军团也从东方带回了更邪恶的东西：接踵而至的瘟疫。瘟疫蔓延了十四年，罗马的死尸堆积如山，也夺走了另一位凯撒——卢基乌斯的生命。斯多葛学派教我正视死亡的眼睛，用冷酷的虔诚，每天告诫自己"我是一个凡人"，同时保持心情愉悦安宁。斯多葛学派的创始人芝诺年老时曾经绊了一跤，重重地摔在地上，他说："我自愿匍匐大地，你又何必召唤我？"死神，我也是个老人了，现在你来召唤我了，我随时欣然迎接你的到来。

然而，仍然有许多人甚至害怕大声说出你的名字。斯多葛学派告诉我，没有什么不祥之词。苏格拉底首次提出这样观点：死亡是一张用来吓唬小孩的可怕面具。他说："朋友们，如果幼稚的你还在惧怕死亡，你们应该对他唱一句咒语，直到治愈他。"如果要我理性剖析死亡的本质，剥掉它所有的外壳，就能够证明死亡只不过是一个自然过程。让我们看看面具后面有什么，仔细端详，你会发现背后空无一物，没有咬人的怪物。然而，这种对死亡幼稚的恐惧，也许是生命中最大的祸根。对死亡的恐惧比死亡本身更有害，因为它把我们变成懦夫，而死亡只是让我们回到自然。无疑，智者和善人会享受生活，但却不惧怕死亡。害怕死亡的结局，能够确保我们永远活着吗？人学会如何迎接死亡，就是忘记如何成为奴隶。

第八章 死亡和俯瞰的观点

我必须死,但必须在呻吟中死去吗?让我们感到不安的不是死亡,而是对它的判断。苏格拉底并不害怕死亡,他知道这件事既不好也不坏。在他被处决的那天早上,他淡定地告诉他的朋友们,哲学是对死亡的终身思考。他说,真正的哲学家最不害怕自己的死亡。那些热爱智慧超越一切的人,一直在为生命的结束而进行训练。提前练习死亡就是练习自由,我们应该随时准备优雅地与生命告别。

事实上,从我来到这个世界之日起,就一直在沿着死亡之路旅行。从一颗绿葡萄籽到一簇成熟的葡萄,再到一颗干瘪的葡萄干,自然界的一切都有开始、过程和结束。人的每个阶段都有结束或死亡——童年、青春期、壮年和老年。无可置疑,我的身体早已不是母亲生我时的身体。从我出生以来,每天都在改变、死亡。如果这都没什么好害怕的,那么我为什么还要惧怕最后一步呢?如果死亡只是一种意识的丧失,那我为什么要为此烦恼呢?因为只有存在的东西可以分善恶,但死亡什么也不是,我们仅仅是缺乏经验。它并不比睡着了更糟糕。此外,死亡是对所有痛苦的解脱,这是痛苦无法逾越的一种界限。它使我们回到出生前的安宁状态。在我生之前,早已经死了无数年了,那时我并没有为此而烦恼。我曾不是;我曾是;我现在不是;我不在乎——正如伊壁鸠鲁派说的那样。

如果我并不为自己的身体在世间只占有微薄的一席之地

而感到烦恼,那么我又何必担心所作所为只是沧海一粟?无论如何,从另一个角度来看,我们不会消失在虚无中,而是分解回到大自然。我将回归大地,那里有我父亲撒下的种子,有我母亲的血液,有奶妈的乳汁,我还从这里获得了日常的饮食。万物有始有源,然后又以另一种形式回归本源。就好像用软蜡塑造一匹小马,然后捏成一棵小树,最后捏成人形。没有什么东西真的被毁灭,只是被送回大自然的怀抱,继而变成别的东西,反反复复,无限循环。

今天是一滴精液,明天是一堆骨骸、骨灰。没有永生,终有一死;作为整体的一部分,一天中的一个小时。这一小时来,下一小时离去。我们越能意识到自己是这个世界的一部分,也就越意识到自身的脆弱。我时刻提醒自己,我不该奢望能活一千年,死亡很快就会降临。我每天都活着,好像这是最后一天,我一直准备迎接它。现在它终于来了,我意识到这和从前任何时刻相比都没什么不同。哲学已经让我做好了充分的准备,我可以选择坦然赴死或死不瞑目。苏格拉底曾说,对于一个思想上拥抱整个时间和现实的伟大灵魂来说,你认为人的生命是一件大事吗?对这样的人来说,死亡也不可怕。

我的灵魂在昏昏欲睡的遐想中四处游荡。这是何等神奇的力量啊!它能够遨游天地,展望瑰丽的愿景,视野涵盖的范围越来越大。我在广阔的世界上漫游、告别,在无边的天际上空飞越。就像《荷马史诗》里的宙斯一样,从奥林匹斯山俯视大地,观察着色雷斯人的土地,以及现在被深邃的酒红色海洋环绕着的希腊、波斯、印度。像沉睡在努曼提亚的西庇阿·埃米利安努斯,梦见自己身处高空中,从闪烁的群星之间凝视着人类世界。

通过日常的哲学实践,我早已接收了个体从属于人类整体的观点。柏拉图说,任何想要渴望理解人世间的人,都应该俯视一切世俗事物,就像站在一个高高的瞭望塔上。和我的老师们一样,我每天都在预演,体验突然升空从高处俯瞰着人类生活的复杂画面的情境。现在,随着生命从我身体渐渐消失,空想变成幻觉,似乎一切真实到可以触摸。从这个高度来看,人们在生活中争论不休的无数事情是多么微不足道。人就像小孩子一样,只想着他们生命游戏中的小玩意,思想被狭隘的恐惧和欲望所迷惑,却让作为自然整体一部分的自己和自然渐渐地疏远了。

现在当我向下俯瞰,看到成群结队的人:无数在田野里辛勤劳作的人,远道而来的各国商人,以及庞大的军队——都像蚂蚁在土地上爬来爬去。尘世凡人成群结队,忙于奔波,在他们面前无数迷宫般的小路上徘徊往复。男人、女人、孩子、奴隶和贵族,出生和死去的人,结合或分离,欢庆或哀悼;法庭上唇枪舌剑——我看到成千上万的朋友和陌生人的面孔从身边经过。我看到伟大的城市从简陋的定居点拔地而起,一度繁荣，最终某天土崩瓦解成荒芜的废墟。襁褓中野蛮的种族，为走向文明而奋斗，最后却再次陷入野蛮。在黑暗无知之后是艺术和科学，最后不可避免地再次陷入黑暗无知。我看到了隐藏在世界遥远角落里未被发现的奇异种族。许多不同的宗教仪式、语言和男人、女人的故事。无数人久远的生活，以及在我死后依旧岁岁年年的生活。尽管我注定被誉为罗马皇帝，但在这个广阔的世界上，有几个人听说过我的名字？更不用说真正了解我的人。即便那些知道我的人，很快也会消失，被人彻底遗忘。

我发现自己再次惊叹于灵魂能以这种方式摆脱无数不必要的烦恼。让我们扩大自我，拥抱整个宇宙，与时间的永恒相比，去反思所有个体事物的有限性和短暂性，我们的整个生命及其他生命的短暂性。当我们的思想超越琐碎事物，变得心胸开阔、灵魂高尚；当我们的灵魂不再被尘世的恐惧和欲望所拖累，它就会自由飞翔，回到它的家园，成为整个宇宙的公民，住在无边无际浩瀚的宇宙中。

感谢诸神，鼓励我养成想象整个宇宙，以及思考时间和空间无限性的习惯。我学会了把生命中的每一件事与我脑海中整个宇宙的物质相比较，就会发现它比无花果种子还要微小。用整个时间来衡量，它只不过是一个齿轮转动的瞬间。凡人的眼睛不可能看到的东西，可以用智慧去领悟感受。

我的眼前展现出这样一幅精神世界的图像：一个闪亮的星

球包罗万象,每一个部分相互区别,但却相互依存、彼此统一。天空上所有的星星、太阳、月亮,我们的地球、陆地和海洋,以及所有的生物,就像在一个透明的球体里看到的一样,我可以想象自己能够把它握在手中细细欣赏。从宇宙的角度来看,愤怒地反抗宇宙,就像为我小手指上的伤口而哭泣一样。

我的生命就要结束了,什么也没有留下——没有恐惧,也没有与自然分离的欲望。眼前是浩瀚无垠的宇宙,天体恢弘,卓异神奇。我深深沉浸在这种想象中,身体渐渐变得轻盈,快速地飞向天堂。

在这个浩瀚的生命海洋中,地球是多么微小的一个点。整个亚洲和欧洲不过是一粒尘埃,海洋不过是雨滴,而最高的山不过是沙粒。

我赞叹星辰的优雅和庄严,因为我的心灵有幸与它们相伴,我也惊叹于眼前整个宇宙恢弘的景象。愿我在接近死亡的过程中,变成一种与自然和宇宙相称的存在,不再被自己所在的故国土壤束缚。驰骋在自然宽阔无垠的维度中,我的思想扩展成一股巨流,裹挟着无数个别事件,完全吞噬消融它们。相比之下,它们变得像针尖一样渺小,微不足道。凝视这些琐琐碎碎,你的悲伤在哪里?惊喜在哪里?

我毕生学习的东西,现在处处可见——当我把注意力从一件事转向另一件事时,都得到了同样的认识。宇宙是一个单一的生物,有一个单一身体和一个单一的意识。每个个体的思想都是一个伟大思想的微小粒子。每一个生物都像一个伟大身体的肢体或器官,它们协同工作。不管他们意识与否,都是依照巨大的自然冲动一致行动。宇宙中的一切都是如此错综复杂地交织在一起,形成了一个单一的结构和一连串的事件。然而,我曾看着每一个零离破碎的部分,努力想象整体,现在我的视角发生了变化。我永远放下了恐惧和欲望,只能看到每个部分所属的整体,这对我来说比其他任何东西更加真实。我曾知晓的,我的生活和思想,它们就像烟雾,透过它,我隐隐瞥见了大自然。

我在这全面的视野中欢欣鼓舞,自我在不断扩张,直到它成为一个具有无限普遍性的自然。分配给我们每一个生命的宇宙时间比例是多么小,只是沧海一粟。我们匍匐的整个大地是多么小的一块土壤!我越自信地把握这一愿景,就越清楚地认定,除了做两件简单的事情之外,生命中就没有什么伟大的事情了:首先,我们必须遵循自己更高本性的指导,服从于理性的要求;第二,我们必须明智而冷静地处理大自然赋予我们命运的一切普遍性,无论是快乐还是痛苦、赞美或责备,生还是死。

当残留的生命从我的身体渐渐消退,我的灵魂越升越高。在某种程度上,所见和所知已经让位于灵魂的全新视野。在我眼前,星座环绕着我,就像密特拉神庙墙壁上的装饰画一样。我毫不费力地在星座间自由翱翔，就像一艘在最平静的水域上航行的船。周围繁星点点，他们是一群由纯洁的光构成的众生形象。他们的外貌和地球人是那么不一样，赤身裸体，完美无瑕，优雅地沿着自己的轨道，无偏差地进入天堂。我们拥有同样神圣的火花，但它却被深深地埋葬在内心深处。我们的生活被囚禁了，被自己的愚蠢和贪婪束缚在泥泞之中。

圣人的心灵就像一颗星星或太阳，散发着纯洁和单纯的光芒。我很幸运地能在他人身上观察到这些特征。像阿珀洛尼厄斯、朱尼厄斯·拉斯蒂克斯和克劳迪亚斯·马克西默斯这样的人，他们以身作则，告诉我如何明智地运用美德生活，顺应自然地生活。现在我从尘世的眷恋中解脱出来，感到灵魂被改变、被净化，我的内心照见了那些曾经从恩师的言行中学到的深刻智慧。当我的生命渐渐消失，思想逐渐与之分离并解放出来，就可以毫无阻碍地遵循自己的真实本性。我看待事情比以往任何时候都更清晰。

太阳只负责普照大地，它不会呼风唤雨。太阳和天上的每一颗星星都在告诉我："我生来就是为了做我正在做的事。"而我也生来就是跟随自己的本性去追求智慧。数不清的星辰点缀夜空，每一颗都与众不同，聚在一起构成了整个天体。人本应如此：毕生忍耐，培养自己内心纯粹的智慧之光，并让它为他人而闪耀。独自思考，但是和周围的同胞融为一体，明智地生活，并与他们和睦相处。古代的毕达哥拉斯学派是对的,他们观察星辰坚定单纯地运行,以净化我们的心灵,让其从尘世的泥泞里解脱出来。

太阳神阿波罗的光芒从四面八方倾泻而下,却不会消失殆尽。阳光蔓延四海八荒,照耀万物,从不会被削弱或污染。它停留在所到之处,抚触万物,照出世间真容,既不像风那样过江千尺浪,也不像雨一样去沾染淋湿。智者的心灵本身就像一个天体,散发着最纯洁的阳光。它优雅地落于世间,照亮万物,而不会被纠缠或削弱。邪恶的事物已堕入黑暗,然而,对于一个思想已被净化的人,没有什么是需要隐藏的。

纯粹的智慧像太阳的熊熊烈火,一切事物投入其中,只会让它变得更加鲜活明亮。理性会适应任何障碍,找到正确的美德来回应。我们生来就有责任照顾这个脆弱的身体以及难以驾驭的情感,但智慧也是与生俱来的。当我们深切地意识到事物是转瞬即逝的,我们就应该放下执着,净化自己,出世脱凡。当我们切断与过去和未来的联系,让自己聚焦在当下时,我们就能把灵魂从外物中解放出来,让它专注于实现自己的理性本质。

人格之外的东西,如健康、财富和声誉,既不好也不坏。它们给我们提供了机会,智者能善加利用,愚者则把握不住。虽然人们渴望财富,但这些东西并不能改善一个人的灵魂,就像一根金缰绳并不能改善一匹马的灵魂一样。当我们将外物与灵魂的善良本性相混淆时,灵魂就会被外物污染,并且

第八章 死亡和俯瞰的观点

沉溺其中。正如恩培多克勒常说的那样，智者的思想超脱世俗，形成了完整的体系。它既不会过度扩张，与外物混杂在一起，也不会远离它们。它的光均匀地散布在周围的世界，自成一体，圆润闪耀，坚如磐石。没有任何东西可以附着在它表面，也没有什么东西可以伤害到它。

我能感觉到身体的疼痛。床单下，我的身体依旧在流血和战栗。但这似乎离我很遥远，对此我已安之若素。很快我又会失去意识，我想这将是最后一次体验到这种感觉。我将毫无怨言，怀着愉悦的心情与自己告别。我向前迈出了最后一步，去迎接死亡，不是作为敌人，而是作为一个老朋友和拳击陪练。我轻轻地握紧拳头，让自己拥抱未知，再次用我的哲学思想武装自己：

> 一个人的生命周期只是时间上的一个小点，它的实质一直在流动，感觉很模糊；身体的整个组成都容易腐烂分解。
>
> 灵魂处在不安分的漩涡，好运是不确定的，名声是不可靠的；总而言之，湍急的事物，都属于身体之外；仿佛一个梦，也如同幻影。
>
> 生活是一场战争，是一个过客的旅居。我们死后的名誉最终将被人遗忘，那么，是什么引导人们呢？只有一件事：哲学，对智慧的爱。

哲学要义在于：保持一个人内在的理性去判断善和恶；永远不要没有目的地做事，正确判断行动与否；拥抱一切发生在自己身上的事情。最重要的是，谦卑、平静地看待死亡，死亡只不过是每个生命组成元素的解体。

如果元素本身不受任何影响，它们不断地彼此转化，解散和改变，这对它们来说稀松平常，为什么有人会害怕死亡呢？这不是符合自然的规律吗？符合自然的东西都是善。[3]

外面天一定快亮了，但我再也看不见了。我的眼睛变得如此疲倦，四周都被黑暗包围着。我已经不能活着看到下一个日出了。但这并不重要。

致 谢

我要感谢斯蒂芬·汉塞尔曼和蒂姆·巴特利特对这本书的支持和建议。还要感谢我在现代斯多葛主义组织的同事们，他们多年来与我分享想法，帮助我得出了我对斯多葛主义的解释。

注释

我通常引用罗宾·哈德翻译的《沉思录》，但在某些情况下，也会引用我自己从希腊语原本翻译的句子或进行适当调整。

序言　让哲学成为一种生活方式

1. Spinoza, *On the Improvement of the Understanding,* 4 - 5.
2. Plato, Apology, trans. G. M. A. Grube, in *Plato: Collected Works*, ed. John M. Cooper (Indianapolis: Hackett, 1997), 30b.
3. Beck, Rush, Shaw, and Emery, *Cognitive Therapy of Depression*, 8.
4. *Meditations*, 10.16.

第一章　逝去的皇帝

1. Watson, *Marcus Aurelius Antoninus*, 96.
2. *Meditations*, 10.31.
3. *Historia Augusta*, 28.5.
4. *Meditations*, 10.36.
5. Cassius Dio, 72.34.
6. Diogenes Laertius, 7.1.4.

第二章 罗马最诚实的孩子

1. *Historia Augusta*, 4.1.
2. *Historia Augusta*, 15.13.
3. *Discourses*, 3.23.
4. *Meditations*, 1.3.
5. *Meditations*, 8.9; 6.12; 5.16.
6. *Meditations*, 1.7.
7. *Meditations*, 5.33.
8. *Meditations*, 1.5.
9. *Meditations*, 1.6.
10. *Meditations*, 7.19.
11. *Meditations*, 1.17; 6.30.
12. Fronto, Letters, in *Meditations* (trans. Hard).
13. Fronto, Letters, in *Meditations* (trans. Hard).
14. *Historia Augusta*, 10.4.
15. *Meditations*, 1.8.
16. Fronto, Letters, in *Meditations* (trans. Hard).
17. *On Anger*, 2.3–4.
18. *Letters*, 53.
19. *On the Constancy of the Sage*, 10.4.
20. *Meditations*, 7.17.
21. *Meditations*, 5.26.
22. *Meditations*, 9.29; 4.51.
23. *Meditations*, 9.1.
24. *Meditations*, 3.5; 3.11.
25. *Discourses*, 3.8.
26. *Discourses*, 3.8.
27. *Handbook*, 45.
28. *Meditations*, 8.49.
29. Hadot, *Philosophy as a Way of Life*, 187–88.
30. *Discourses*, 3.8.

31. *Handbook*, 45.

32. Beck, *Cognitive Therapy and the Emotional Disorders.*

33. Epictetus, Fragment 21 in *Discourses*, books 3–4: *Fragments, Handbook.*

34. *Handbook*, 5.

35. Alford and Beck, *Integrative Power of Cognitive Therapy*, 142.

第三章　行成于思

1. Galen, *Diagnosis and Cure of the Soul's Passions.*

2. *Meditations*, 6.12.

3. Themistius, "In Reply to Those Who Found Fault with Him for Accepting Public Office," Oration 34, in Robert J. Penella, *The Private Orations of Themistius* (Berkeley: University of California Press, 2000).

4. *Meditations*, 11.29.

5. *Handbook*, 46.

6. Fronto, Letters, in *Meditations* (trans. Hard).

7. *Meditations*, 6.14.

8. *Meditations*, 1.13.

9. *Meditations*, 1.10.

10. Meditations, 8.30.

11. *Meditations*, 1.9; 5.28; *Discourses*, 2.12.

12. *Meditations*, 8.61.

13. *Meditations*, 6.21.

14. Galen, *Diagnosis and Cure of the Soul's Passions.*

15. *Meditations*, 12.4; 3.4; 10.1; 3.7.

16. Galen, *Diagnosis and Cure of the Soul's Passions.*

17. *Handbook*, 38.

18. *Meditations*, 8.32.

19. *Meditations*, 7.7.

20. *Meditations*, 11.26; 4.38.

21. *Meditations*, 6.48.
22. *Meditations*, 1.16; 6.30.
23. *Meditations*, 6.30.
24. *Meditations*, 3.4.
25. *Meditations*, 3.8.
26. *Meditations*, 11.27; 5.1; 2.1.
27. *Discourses*, 3.10.
28. *Meditations*, 4.46.
29. *Meditations*, 5.11.
30. Simon, Howe, and Kirschenbaum, *Values Clarification*, 1972.

第四章　赫拉克勒斯的选择

1. *Historia Augusta.*
2. *Meditations*, 1.17.
3. Lucian, *Philosophies for Sale.*
4. *Discourses*, 1.16 (slightly modified).
5. *Meditations*, 7.3.
6. Fronto, Letters, in *Meditations* (trans. Hard), 16.
7. *Meditations*, 11.22.
8. *Meditations*, 3.16; 7.68.
9. *Meditations*, 10.12.
10. *Meditations*, 9.16.
11. *Meditations*, 6.7.
12. *Meditations*, 7.28; 6.48; 7.27.
13. *Meditations*, 3.16.
14. *Meditations*, 10.33.
15. *Meditations*, 8.2.
16. Baudouin and Lestchinsky, *The Inner Discipline*, 48. 17. Meditations, 10.29.
18. *Meditations*, 11.2.
19. *Meditations*, 6.13.

20. *Meditations*, 6.13.

21. *Meditations*, 1.17.

22. *Meditations*, 6.13.

23. *Meditations*, 8.39.

第五章　迎难而上

1. Cassius Dio, *Roman History*, 72.34.

2. *Meditations*, 1.17.

3. Fronto to Marcus, *Letter* 9.

4. Fronto to Marcus, *Letter* 22.

5. Marcus to Fronto, *Letter* 8.

6. *Meditations*, 1.17.

7. *Meditations*, 3.7; 1.9.

8. *Meditations*, 1.15.

9. *Meditations*, 1.16; 6.30.

10. Epicurus, quoted in *Meditations*, 9.41.

11. *Meditations*, 9.41.

12. *Meditations*, 7.33.

13. *Meditations*, 7.64 (my italics).

14. *Meditations*, 7.64.

15. *Handbook*, 9.

16. *Meditations*, 7.43.

17. *Handbook*, 5.

18. *Meditations*, 4.39.

19. *Meditations*, 11.16.

20. *Meditations*, 5.26.

21. *Meditations*, 4.7.

22. *Discourses*, 2.1.

23. *Meditations*, 7.17.

24. *Meditations*, 10.24.

25. *Discourses*, 2.1.

26. *Meditations*, 6.13.
27. *Meditations*, 8.36.
28. *Meditations*, 11.16.
29. *Meditations*, 7.16; 7.14.
30. *Meditations*, 7.33.
31. *Meditations*, 11.16.
32. *Discourses*, 2.6.
33. Meditations, 5.8.
34. Teles of Megara, On *SelfSufficiency*, in *Diogenes the Cynic: Sayings and Anecdotes with Other Popular Moralists* (2012), trans. Robin Hard (Oxford: Oxford University Press, 2012).
35. *Meditations*, 10.28.
36. *Discourses*, 3.10.
37. *Handbook*, 10.
38. *Meditations*, 5.18.
39. *Meditations*, 10.3; well-known quote from Victor *Frankl's Man's Search for Meaning*, attributed to Friedrich Nietzsche, *Twilight of the Idols*, Maxims and Arrows, 12.
40. P. Dubois, *Self-Control and How to Secure It*, trans. H. Boyd (New York: Funk & Wagnalls, 1909), 108 – 9.
41. P. Dubois, *The Psychic Treatment of Nervous Disorders: The Psychoneuroses and Their Moral Treatment* (New York: Funk & Wagnalls, 1904), 394 – 95.
42. Dubois, *Self-Control*, 235 – 36.

第六章　内在城堡

1. *Discourses*, 3.20.
2. *Meditations*, 8.34.
3. *Meditations*, 11.37.
4. James 4:13 – 15.
5. *Meditations*, 4.1; 5.20; 6.50.

6. *Meditations*, 8.41.
7. Satire 2.7 in T*he Satires of Horace and Persius*, trans. Niall Rudd (London: Penguin, 2005).
8. *Meditations*, 2.1.
9. *Meditations*, 4.3.
10. *Meditations*, 10.15; 10.23.
11. *Meditations*, 4.3.
12. T. Borkovec and B. Sharpless, "Generalized Anxiety Disorder: Bringing Cognitive-Behavioral Therapy into the Valued Present," in *Mindfulness and Acceptance: Expanding the CognitiveBehavioral Tradition*, ed. S. C. Hayes, V. M. Follette, and M. M. Linehan (New York: Guilford Press, 2004), 209–42.
13. *Meditations*, 10.10.

第七章　短暂的疯狂

1. *Meditations*, 2.1.
2. *Meditations*, 1.1.
3. *Meditations*, 1.16; 6.30.
4. *Meditations*, 11.18.
5. *Meditations*, 2.1; 5.16; 9.1.
6. *Meditations*, 8.59.
7. *Meditations*, 10.19.
8. *Meditations*, 9.27; 7.62; 6.59; 9.34.
9. *Meditations*, 3.4.
10. *Meditations*, 7.63; 7.26.
11. *Meditations*, 2.13; 10.30; Handbook, 42.
12. *Meditations*, 10.30.
13. *Meditations*, 9.33.
14. *Meditations*, 4.7.
15. *Meditations*, 7.24.
16. *Meditations*, 8.4.

17. *Meditations*, 8.55; 7.71.
18. *Meditations*, 5.25; 9.4; 9.20.
19. *Meditations*, 7.65; 4.11; 6.6.
20. *Meditations*, 9.42.
21. *Meditations*, 5.15; 12.16.
22. *Meditations*, 4.44; 9.42.
23. *Meditations*, 7.22.
24. *Meditations*, 4.3.

第八章　死亡和俯瞰的观点

1. Euripides, *The Suppliants*.
2. Homer, *The Iliad*.
3. *Meditations*, 2.17.

参考书目

Adams, G. W. (2013). *Marcus Aurelius in the Historia Augusta and Beyond.* New York: Lexington Books.

Alford, B. A., and A. T. Beck. (1997). *The Integrative Power of Cognitive Therapy.* New York: Guilford.

Baudouin, C., and A. Lestchinsky. (1924). *The Inner Discipline.* London: Allen & Unwin.

Beck, A. T. (1976). *Cognitive Therapy and the Emotional Disorders.* Middlesex: Penguin.

Beck, A. T., J. A. Rush, B. F. Shaw, and G. Emery. (1979). *Cognitive Therapy of Depression.* New York: Guilford.

Birley, A. R. (2002). *Marcus Aurelius: A Biography.* London: Routledge.

Borkovec, T., and B. Sharpless. (2004). "Generalized Anxiety Disorder: Bringing Cognitive-Behavioral Therapy into the Valued Present." In *Mindfulness and Acceptance: Expanding the CognitiveBehavioral Tradition.* Edited by S. C. Hayes, V. M. Follette, and M. M. Linehan, 209–42. New York: Guilford Press.

Brunt, P. (2013). *Studies in Stoicism.* Oxford: Oxford University Press.

Dubois, P. (1904). *The Psychic Treatment of Nervous Disorders: The Psychoneuroses and Their Moral Treatment.* New York: Funk & Wagnalls.

———. (1909). *Self-Control and How to Secure It*. Translated by H. Boyd. New York: Funk & Wagnalls.

Epictetus. (1925). *Discourses*, books 1–2. Translated by W. A. Oldfather. Loeb Classical Library 131. Cambridge, MA: Harvard University Press.

———. (1928). *Discourses*, books 3–4: Fragments, Handbook. Translated by W. A. Oldfather. Loeb Classical Library 218. Cambridge, MA: Harvard University Press.

Farquharson, A. (1952). *Marcus Aurelius: His Life and His World*. Oxford: Blackwell.

Gill, C. (2010). *Naturalistic Psychology in Galen and Stoicism*. Oxford: Oxford University Press.

———. (2013). *Marcus Aurelius: Meditations, Books 1–6*. Oxford: Oxford University Press.

Grant, M. (1996). *The Antonines: The Roman Empire in Transition*. New York: Routledge.

Guthrie, K., T. Taylor, D. Fideler, A. Fairbanks, and J. Godwin. (1988). *The Pythagorean Sourcebook and Library*. Grand Rapids, MI: Phanes Press.

Hadot, P. (1995). *Philosophy as a Way of Life*. Edited by A. I. Davidson. Malden, MA: Blackwell.

———. (2001). *The Inner Citadel: The Meditations of Marcus Aurelius*. Translated by M. Chase. Cambridge, MA: Harvard University Press.

———. (2004). *What Is Ancient Philosophy?* Translated by M. Chase. Cambridge, MA: Belknap Press.

Holiday, R. (2015). *The Obstacle Is the Way*. London: Profile Books.

Holiday, R., and S. Hanselman. (2016). *The Daily Stoic: 366 Meditations on Wisdom, Perseverance, and the Art of Living*. London: Profile Books.

Long, A. A. (2002). *Epictetus: A Stoic and Socratic Guide to Life*. Oxford: Oxford University Press.

Marcus Aurelius. (1916). *Marcus Aurelius*. Translated by C. Haines. Loeb Classical

Library 58. Cambridge, MA: Harvard University Press.

———. (2003). *Meditations: A New Translation*. Translated by G. Hays. New York: Random House.

———. (2011). *Meditations: Selected Correspondence*. Translated by R. Hard. Oxford: Oxford University Press.

McLynn, F. (2010). *Marcus Aurelius: A Life*. London: Vintage Books.

Rand, B. (2005). *The Life, Unpublished Letters, and Philosophical Regimen of Antony, Earl of Shaftesbury*. Adamant Media.

Robertson, D. J. (July 2005). "Stoicism: A Lurking Presence." *Counselling & Psychotherapy Journal*.

———. (2010). *The Philosophy of CognitiveBehavioural Therapy: Stoic Philosophy as Rational and Cognitive Psychotherapy*. London: Karnac.

———. (2013). *Stoicism and the Art of Happiness*. London: Hodder & Stoughton.

———. (2016). "The Stoic Influence on Modern Psychotherapy." In *The Rout ledge Handbook of the Stoic Tradition*. Edited by J. Sellar, 374–88. New York: Routledge.

———. (2012). *Build Your Resilience*. London: Hodder & Stoughton.

Sedgwick, H. D. (1921). *Marcus Aurelius: A Biography Told as Much as May Be by Letters*. New Haven, CT: Yale University Press.

Sellars, J. (2003). *The Art of Living: The Stoics on the Nature and Function of Philosophy*.

———. (2014). *Stoicism*. Hoboken, NJ: Taylor & Francis.

———. (2016). *The Routledge Handbook of the Stoic Tradition*. New York: Routledge.

Seneca. (1928). *Moral Essays*, volume I. Translated by J. W. Basore. Loeb Classical Library 214. Cambridge, MA: Harvard University Press.

Seneca. (1928). "On Anger." In *Moral Essays*, volume I. Translated by J. W. Basore. Loeb Classical Library 214. Cambridge, MA: Harvard University Press.

Seneca. (1928). "On Constancy." *In Moral Essays*, volume I. Translated by J. W. Basore. Loeb Classical Library 214. Cambridge, MA: Harvard University Press.

Simon, S. B., L. W. Howe, and H. Kirschenbaum. (1972). *Values Clarification: A Practical, Action Directed Workbook*. New York: Warner.

Spinoza, B. (1955). *On the Improvement of the Understanding; The Ethics; Correspondence*. Translated by R. Elwes. New York: Dover.

Stephens, W. O. (2012). *Marcus Aurelius: A Guide for the Perplexed*. London: Continuum.

Thomas, A. L. (1808). *Eulogium on Marcus Aurelius*. New York: Bernard Dornin.

Ussher, P. (ed.). (2014). *Stoicism Today: Selected Writings*. Modern Stoicism.

———. (2016). *Stoicism Today: Selected Writings*. Vol. 2. Modern Stoicism.

Watson, P. B. (1884). *Marcus Aurelius Antoninus*. New York: Harper & Brothers.

Yourcenar, M. (1974). *Memoirs of Hadrian*. New York: Farrar, Straus, and Giroux.

图书在版编目（CIP）数据

像罗马皇帝一样思考：如何用斯多葛哲学应对困顿、危难、不确定的人生/（加）唐纳德·J.罗伯逊著；向朝明译. —北京：中央编译出版社，2023.5
书名原文：How to Think Like a Roman Emperor: The Stoic Philosophy of Marcus Aurelius
ISBN 978-7-5117-4238-4

Ⅰ.①像… Ⅱ.①唐…②向… Ⅲ.①斯多葛派—哲学理论 Ⅳ.① B502.43

中国版本图书馆 CIP 数据核字（2022）第 155076 号

How to Think Like a Roman Emperor: The Stoic Philosophy of Marcus Aurelius
Text Copyright 2019 by Donald J. Robertson
Published by arrangement with St. Martin's Publishing Group. All rights reserved.

北京市版权局著作权合作登记图字：01-2023-0910 号

像罗马皇帝一样思考：如何用斯多葛哲学应对困顿、危难、不确定的人生

选题策划	张远航
责任编辑	赵可佳
特约编辑	王　宁
责任印制	刘　慧
出版发行	中央编译出版社
地　　址	北京市海淀区北四环西路 69 号（100080）
电　　话	（010）55627391（总编室）　（010）55627319（编辑室） （010）55627320（发行部）　（010）55627377（新技术部）
经　　销	全国新华书店
印　　刷	北京联兴盛业印刷股份有限公司
开　　本	880 毫米 ×1230 毫米　1/32
字　　数	170 千字
印　　张	9.25
版　　次	2023 年 5 月第 1 版
印　　次	2023 年 5 月第 1 次印刷
定　　价	59.80 元

新浪微博：@中央编译出版社　　微　信：中央编译出版社（ID：cctphome）
淘宝店铺：中央编译出版社直销店（http://shop108367160.taobao.com）（010）55627331
本社常年法律顾问：北京市吴栾赵阎律师事务所律师　闫军　梁勤
凡有印装质量问题，本社负责调换，电话：（010）55626985